AF423686

Lom
PALABRA DE LA LENGUA
YÁMANA QUE SIGNIFICA
Sol

Salazar Vergara, Gabriel Segundo
Ser niño huacho en la historia de Chile [texto impreso] /
Gabriel Segundo Salazar Vergara .— 2ª ed. – Santiago:
LOM ediciones, 2023. 120 p.: 15 x 21 cm.

ISBN : 978-956-00-1658-4

1. Niños abandonados - Chile
2. Chile - Condiciones sociales - Siglo 19
3. Niños- Chile - Condiciones sociales - Siglo 19 I. Título.

DEWEY: 305.2310983.-- cdd 21
CUTTER : SA161s

FUENTE: Agencia Catalográfica Chilena

© LOM ediciones
Segunda edición LOM 2023
Impreso en 1000 ejemplares

ISBN: 978-956-00-1658-4
RPI: 158.739

Primera edición LOM 2006
ISBN: 978-956-282-861-1

Este texto fue publicado la primera vez en
Revista *Proposiciones* N° 19. Editorial SUR, 1990,
como *Ser niño huacho en la historia de Chile (s. XIX)*

Diseño y diagramación: Ángela Aguilera

Imágenes del interior fueron obtenidas de
La infancia en el Chile Republicano, 200 años de imágenes, 2010.

LOM ediciones. Concha y Toro 23, Santiago
Teléfono: (56-2) 28606800
lom@lom.cl | www.lom.cl

Impreso en los talleres de Gráfica LOM
Miguel de Atero 2888, Quinta Normal
Santiago de Chile

Gabriel
SALAZAR

SER NIÑO HUACHO EN LA HISTORIA DE CHILE

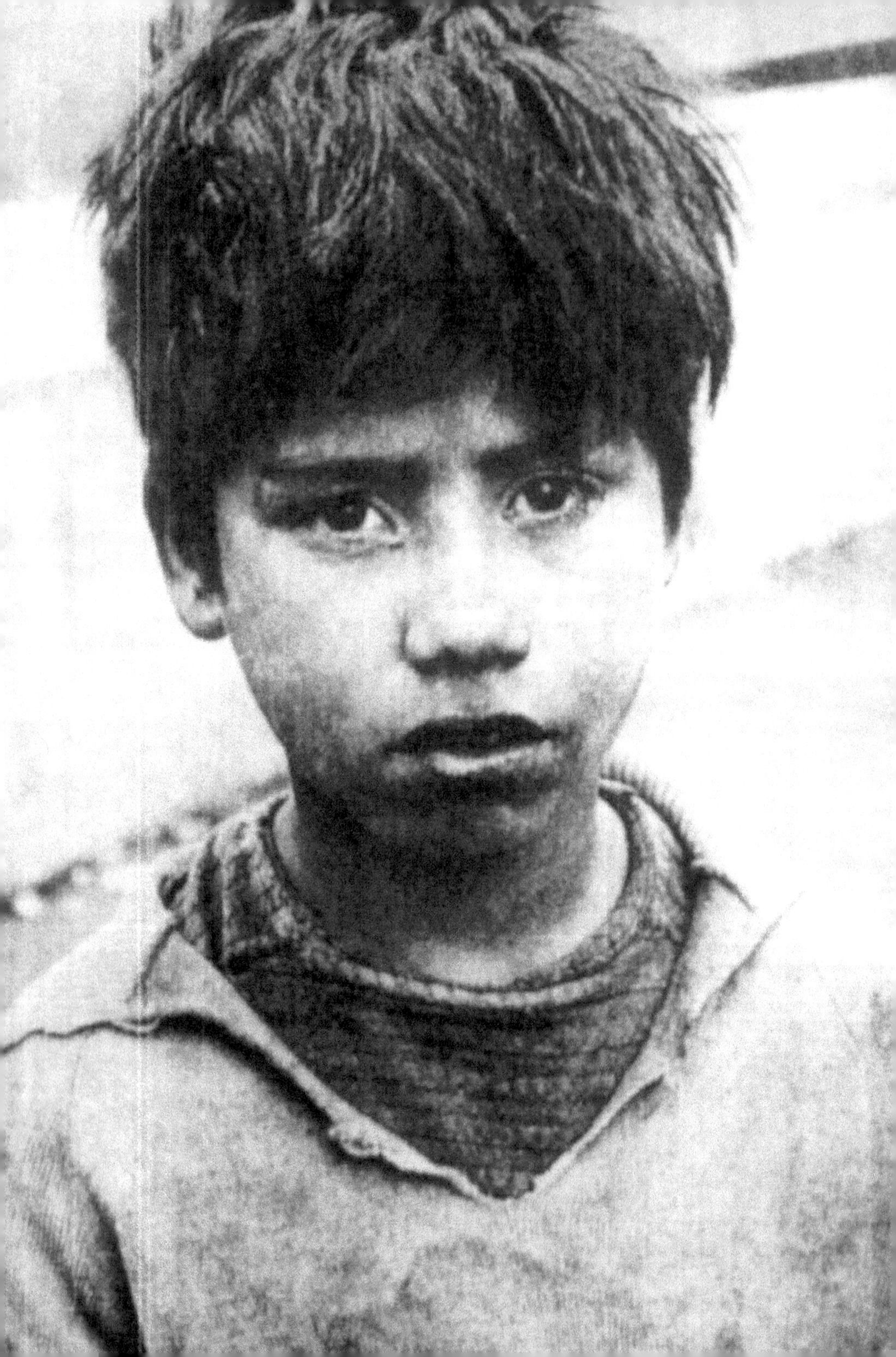

Gabriel
SALAZAR

SER NIÑO HUACHO EN LA HISTORIA DE CHILE

LOM
EDICIONES

Presentación a
la segunda edición

HACE TREINTA Y TRES AÑOS que Ediciones Sur publicó en la revista «Proposiciones N°19» (1990) el artículo *Ser niño huacho en la historia de Chile (siglo XIX)*, del historiador Gabriel Salazar, y diecisiete años de que LOM publicara la primera edición de esta obra, luego de haberle propuesto a su autor hacer de dicho artículo un libro dirigido a un público más amplio que poco y nada conocía de la vida de las niñas y niños del siglo XIX, y menos aún imaginaba las condiciones de existencia de las familias e infancias pobres que han sido invisibilizadas en nuestro devenir histórico. Fue así como el año 2006 aparece en la colección Bolsillo *Ser niño huacho en la historia de Chile*, al que se le sumaron dos textos del mismo autor, los que de algún modo actualizaban la mirada respecto de las y los huachos, niñas, niños y adolescentes de inicios del siglo XXI, además de hacer evidente que la historia que vivimos los adultos toca y envuelve también a las infancias, arrasando muchas veces con ellas. Los títulos de estos textos son: *Crisis, malestar privado y el mensaje de los cabros chicos; Prefacio a La guarida de los príncipes*.

En estos diecisiete años hemos reimpreso numerosas veces este libro, y al poco tiempo de reponerlo en librerías, queda nuevamente agotado. ¡Y ya son 37.000 los ejemplares vendidos! Esta noticia, tanto a Gabriel como a nosotros –los editores de la obra– nos llena de satisfacción. La intuición que tuvimos, cargada de emoción por el texto, así como por la necesidad de compartirlo con nuevos lectores y lectoras, ha tenido la respuesta que imaginamos. Tiendo a pensar que algo ha resonado en la biografía de cada uno de los y las que buscan y leen este libro, y que un hilo sensible nos hermana con los hechos aquí relatados.

Ser niño huacho en la historia de Chile nos lleva al siglo XIX, mientras los textos que se suman nos anclan en el siglo XX y nos proyectan hasta ahora, tercera década del siglo XXI, donde comenzamos a ver los efectos de la implosión y explosión de esa «bomba de tiempo» de la que nos habla aquí Gabriel. La implosión se profundizó con la imposición violenta –un golpe– del modelo neoliberal, que corroe y transforma el alma y la convivencia nacional, dejando en el descampado y la orfandad –producto del desmantelamiento del Estado– ya no solo a las infancias, sino al núcleo familiar que se crea y recrea según sus posibilidades para sostener y reproducir la vida. Y respecto de la explosión, comenzamos a sentir sus efectos durante las décadas de la postdictadura.

En enero de 1990 el gobierno de Chile suscribía la Convención sobre los Derechos del Niño, adoptada por la Asamblea General de la Organización de las Naciones Unidas el año 1989. Pocos meses después se iniciaba el largo camino de transición hacia la democracia, que esperanzaba a la mayoría de nuestros compatriotas. Sin embargo, lo que siguió no fue más que la consolidación del modelo económico y la cultura neoliberal que nos regía, bajo una democracia bien protegida de sus ciudadanxs. Se naturalizó el trabajo precario y las prolongadas horas laborales. Por otro lado, se cultivaron los anhelos del «tener» para «ser», la desarticulación de los lazos sociales. ¿Y qué pasó con los derechos de los niños y las niñas, si todos los adultos salieron a trabajar para pagar deudas, para comprar lo que «había» que tener, para emprender? Para muchos ya no hubo casa ni familia. Se agrega a esto la aparición del tráfico y comercio de drogas, que ha minado poblaciones y comunidades fragilizadas, fortaleciéndose en estas últimas décadas las bandas que controlan y disputan barrios, jóvenes, niñas y niños.

Según un reciente informe entregado por el Centro de Estudios del Ministerio de Educación, entre los años 2021 y 2022, cincuenta mil estudiantes abandonaron la educación formal. Y entre el 2004 y el 2021, fueron 227 mil estudiantes, de entre 5 a 24 años, los que salieron del sistema escolar. ¿Dónde están esos niños, niñas y jóvenes? ¿Qué hacen hoy?

El huacho y la huacha de este siglo XXI ya no son solo lxs hijxs de padres ausentes o desentendidos, o los entregados en orfelinatos. La situación es grave y de una complejidad distinta. ¿Qué hacemos entonces frente a estxs hijxs «de la medida de lo posible», de la naturalización de un orden de las cosas? ¿Más leyes punitivas, más policías, más cárceles?

El desafío es enorme y multidimensional. Seguiremos en deuda con las infancias del presente y del futuro si es que no tenemos la capacidad de llevar adelante transformaciones estructurales que limiten los privilegios y devuelvan la dignidad a todo un pueblo.

Esperamos que este libro siga contribuyendo a la generación de conciencia y promueva sujetxs históricxs que transformen el devenir.

Silvia Aguilera Morales
LOM EDICIONES

Santiago, enero de 2023

A
modo de
presentación

A los diez años creía
que la tierra era de los adultos.
Podían hacer el amor, fumar, beber a su antojo,
ir adonde quisieran.
Sobre todo, aplastarnos con su poder indomable.
Ahora sé por larga experiencia el lugar común:
en realidad no hay adultos, solo niños envejecidos.

JOSÉ EMILIO PACHECO, Niños y adultos

PRESENTAMOS ESTA NUEVA EDICIÓN DE *Ser niño huacho en la historia de Chile* en momentos en que su autor, Gabriel Salazar, logra un merecido reconocimiento por su trabajo historiográfico al recibir el Premio Nacional de Historia 2006.

Nos alegra enormemente este hecho, porque en él sentimos también el inicio de un reconocimiento a los sujetos históricos que el trabajo de Gabriel, y otros tantos historiadores, ha venido visibilizando, luego de adentrarse por huellas y recovecos, por caminos recónditos e innombrados por la historiografía tradicional.

Haciendo gala de un perspicaz ímpetu escudriñador, inquisidor, develador, Gabriel Salazar va desempolvando, picando con pasión identitaria, logrando penetrar hacia las capas más profundas, hasta llegar al subsuelo omitido, negado. Producto de esta faena, diversos fragmentos han quedado regados en la superficie del sitio historiográfico. Al reunir los pedazos de esta corteza social, este historiador va haciendo aparecer un conjunto de siluetas, de seres, de sujetos que finalmente logramos visibilizar con nitidez, hasta llegar a sentir cómo van rompiendo el silencio y anonimato.

Ser niño huacho en la historia de Chile viene a ser un virtual pórtico por donde podemos acceder a recorrer esta historia (no «la otra historia»), guiados por el relato de uno de los huachos, hijo, nieto, tataranieto, de una de las tantas Rosarias Araya, quien muere en el parto, desesperada por su pobreza y culpabilizada por haber parido cuatro hijos.

A medida que nos adentramos en esta historia, nos damos cuenta de que no es un relato que nos resulte vago, desconocido, sin conexión con nuestra propia vida. Por el contrario, empezamos de alguna manera a reparar que tenemos un «cierto aire», que en algo nos parecemos a ellos. ¿O es que acaso Rosaria Araya, mujer pobre, precaria de posesiones esenciales para vivir –quien será la fugaz anfitriona que nos adentra hacia la profundidad del relato–, no vuelve a traernos la desesperación frente a su drama en el llanto de María, Rosa o Ana, mujeres pobres de este siglo XXI?

Al igual que las mujeres y los pobres, los niños y niñas han sido seres inexistentes en la versión de la historia en que fuimos formados. Esa historia era la de los adultos, de los hombres, de los hijos de alguien. Esa historia no nos contaba qué sucedía con los niños y con las mujeres al declararse la independencia, al desencadenarse la guerra civil o el golpe de Estado. ¿Dónde estaban ellos? ¿Cómo les afectaba todo aquello? ¿Importaba esto a alguien?

Si la historia es un diálogo sin fin entre el presente y el pasado, podríamos decir que son los niños la fibra sensible donde se va depositando la subjetividad del presente, donde se va acumulando el amor, el desprecio, el abandono, la pobreza, la indiferencia, la soledad, el maltrato directo o indirecto del mundo de los adultos, de los que hacen la historia –historia que los interviene, los modela, los arriesga y los desafía tempranamente–, y se va apozando, transformándose en una huella casi imperceptible pero que tiene la intensidad de las marcas de fuego. Y desde allí se va tejiendo un diálogo subterráneo de ese pasado y este presente, diálogo invisible, tantas veces sordo y mudo para los adultos.

Los textos que se reúnen en este libro dan cuenta de un continuo en escenarios distintos: niños pobres, huachos, los hijos de Rosaria hacia 1845; los hijos de Gregorio Ruiz hacia 1912; Juan Machuca, de 14 años, hacia el 2000. Todos ellos de alguna manera toman aquí la palabra para hablar de su cotidiano, de la suerte de sus padres, de su trabajo con ellos, de su soledad, de sus anhelos. Y al escucharlos sabemos que el futuro –el que les pertenecía y les pertenece– ha sido incierto para ellos, y la mayoría de las veces implacable en la discriminación y marginación.

Todos estos niños han logrado «hacerse» y sobrevivir por toda una capacidad inventiva, de solidaridades mutuas y de la microcomunidad a la que pertenecen. Muchos de ellos tal vez han logrado ser sujetos históricos, entendiendo por ello a quienes, conscientes de su historia personal y colectiva, han resuelto rehacerse en la identidad y la acción en pos de cambiar lo que para Rosaria Araya era como una maldición.

Es aquí donde radica el valor del trabajo de Gabriel y de todos los y las historiadoras que han venido desenterrando esta historia: nombrando a los innombrados, a los anónimos de siempre, devolviendo con ello no solo un nombre, una identidad, sino también la dignidad.

Este trabajo contribuye a cultivar las potencialidades de todos ellos como posibles sujetos de la historia, por lo tanto transformadores de la misma; y es lo que queremos que este libro promueva.

La tarea no es fácil, y sobre todo este afán de devolverles su historia a los niños, para prometerles de manera distinta el futuro. Como bien señala aquí Gabriel: «Para intentar hacer historia en esta profundidad y en ese origen esencial de la humanidad (...) se requiere posesionarse plenamente, integralmente, de la piel humana. Hacer historia de niños es, sobre todo, una cuestión de piel, de solidaridad, de convivencia, de ser uno mismo».

Agradecemos a Gabriel este libro y nos honra su publicación. *Ser niño huacho en la historia de Chile*, que hasta ahora había circulado como un artículo de la revista *Proposiciones*, de SUR, desde hoy comienza a circular en formato libro y lo hace para quedarse, para mirar y/o reconocernos en esas niñas y niños huachos en la historia de Chile. A este texto le acompañan otros dos, que vienen, de alguna manera, a ponernos al día en el devenir de los huachos en la historia de Chile del siglo XX.

Silvia Aguilera M.
2006

SER NIÑO HUACHO EN LA HISTORIA DE CHILE

(siglo XIX)[1]

Culpa y llanto
de Rosaria Araya

Un mes antes de su muerte, Rosaria Araya invitó a dos de sus hermanos a subir a un monte que distaba más de una legua del rancho en que vivían. Les dijo que ella quería retirar de allí un buey suyo, que había muerto al caer en un barranco. Semejante caminata, que en sí no era nada fuera de lo común para los descabalgados campesinos pobres del valle de Illapel, constituía para ella –según estimó José Simeón, el gobernador del departamento– una «ajitación extraordinaria», pues era una joven soltera de 26 años, estaba en el octavo mes de embarazo y ya desde el sexto su barriga «se había manifestado demasiado crecida» (había sido embarazada, según se supo, por Mateo Vega, peón de 26 años, soltero, del mismo valle).

A pesar de su gran barriga, Rosaria Araya no sentía «ninguna incomodidad ni dolencia alguna». Al contrario, se mostraba «siempre ájil para trajinar», lo que tenía maravillado a todo el mundo, puesto que no comía nada. O casi nada. Su única obsesión era engullir grandes cantidades de chagurires, «por el fresco de ellos». De modo que cuando subió al monte con sus hermanos para rescatar su buey desbarrancado, se detuvo continuamente en el camino para tomar chagurires y estrujarlos en su boca. Así pudo sentirse ágil y animosa para, a pleno sol, descuerar el buey, cortar una de sus piernas «y para traer la pierna i el cuero a la rastra asta su casa».

José Simeón, el gobernador, estaba de verdad asombrado por la vitalidad de Rosaria Araya. Sobre todo cuando supo que ella, después de esa subida, «iso otra, también al cerro, casi a igual distancia, i en la que anduvo sin fatigarse». ¿No era asombroso? Sin embargo, poco tiempo después, ya «no pudo dormir de ninguna manera sino sentada», y al frisar los nueve meses se hizo necesario prestarle ayuda cuando quería pararse, debido al mucho peso de su barriga. Aunque «puesta de pie, pudo siempre andar i ocuparse en los quehaceres domésticos».

El gobernador de Illapel tenía razón: Rosaria Araya era una joven campesina fuerte, vital y animosa.

El día catorce de setiembre del presente año de 1845, entre cuatro i cinco de la tarde, le principiaron los dolores...

Se dio aviso a la madre. Se hizo venir a Damiana Soto, para que colaborase en el parto. Y ante ellas, como a las siete y media de esa misma tarde, sin mayores complicaciones, vino el parto y nació un varón. Unos instantes después «también vino la par», con lo que la parturienta se sintió más aliviada. Viendo eso, las comadronas «la echaron a la cama, quedando con algunos dolores, aunque pequeños».

Durante dos días, obedientemente, Rosaria Araya permaneció en la cama. Estaba bien, pero «con dolores muy lentos». Su enorme barriga estaba también allí. Presente. Sin deshincharse, como si nada hubiera pasado. Como si tuviera voluntad propia. O fuera *ajena* a la vida del hijo que había expulsado fuera de sí. Algo extraño estaba ocurriendo en esa barriga. Rosaria Araya sintió miedo. Y se puso tensa.

Sorpresivamente, entre ocho y nueve de la mañana del tercer día, la gran barriga comenzó a retorcerse con dolores rápidos y agudos. Rosaria creyó perder el control de sí misma. Alguien corrió a buscar a Pascuala Barrera, «la que abiendo venido muy pronto, i pulsando a la paciente, dijo que era parto». Previendo un parto difícil, la madre hizo traer a un hombre, «para que las ayudase teniéndola». Y a las diez de la mañana nació una mujercita, seguida de la par.

Tras su segundo parto, Rosaria Araya se vio bien. No presentaba síntoma alguno de fatiga. Parecía recuperada. Recibió un poco de caldo y, ya animosa, pidió jugo de chagurires. Todo estaba normalizándose. Pero otra vez, como a las once, «le apuraron nuevos dolores, y en término de una ora nació otra hembra, i luego salió también la par».

¿No era eso demasiado? ¿No era eso, ya, una maldición? ¿Y por qué la gran barriga seguía hinchada? Fue entonces cuando Rosaria Araya, vencida al fin, estalló en una gran desesperación. Y así lo registró José Simeón, el gobernador:

Por esta tercera se afligió la paciente demasiado, recordando su pobreza i la de sus padres, diciendo qué aria con tantos hijos i cómo se vería para criarlos pues era tan pobre, por lo que deseó más bien morir.

La madre y las otras mujeres que la auxiliaban se esforzaron por consolarla y tranquilizarla. Que no se afligiera. Que no iba a morir. Que entre todos la ayudarían a cuidar de sus hijos. Al rato, Rosaria pudo al fin relajarse y dormir algunos minutos. Viéndola descansar, algunas de las que las ayudaban se retiraron con sigilo. Y fueron las doce. Y luego la una. Y era la una y media del día 17 cuando, de nuevo, la gran barriga comenzó a retorcerse furiosamente. Y durante tres horas la parturienta se revolvió en su cama, transpirando, llorando, gritando. Y eran las cuatro bien pasadas cuando de la gran barriga emergió otra hembra...

Entonces lloró, se lamentó, i esclamó al cielo nuevamente, gritando que la privase de la vida, pues se creía ser la crítica de todos por aber tenido tanto niño, i lo peor, no tener con qué alimentarlos.

Y estaba llorando y gritando cuando la barriga se retorció y los dolores atacaron nuevamente. La partera, tranquila, dijo que era la par. Pero Rosaria estaba ya fuera de sí, no escuchaba a nadie y

... se aflijió tanto, creyendo que era otra criatura, que la partera retrocedió, i entonces ella, sintiendo un gran dolor, dijo que iba a morir muy pronto, i habló a su madre, pidiéndole perdón, como también a todos los que la auxiliaban, i dando un fuerte quejido, al momento, expiró.

El eco de su muerte fue largo y tembloroso. Un silencio terco que los envolvió a todos. En ese momento. En ese día. Y por mucho tiempo.

Las mujeres que la auxiliaban –recordó José Simeón– «dicen que murió con bastante barriga». Que era muy probable que, todavía, pudiesen venir de allí otras criaturas. Pues la barriga siguió allí, voluminosa, latente, implacable. Pero ya nadie quiso esperarlas, «i conociendo que estaba muerta, solo trataron de amortajarla».

Las criaturas que alcanzaron a nacer fueron, pues, cuatro: un varón y tres hembras. Según José Simeón, todas ellas fueron muy crecidas y robustas, «tanto como el que nace solo». El varón fue llamado José María, «i se cria en casa de Juan Godoy, recogido en ésta por caridad». La mayorcita de las hembras se llamó Mercedes del Rosario, «i la cria escasamente Damiana Soto, pues es demasiado pobre». La que seguía fue llamada Carmen de Jesús: «está en casa de la abuela en la mayor escasez por su pobreza». Y la menor se llamó, simplemente, Jesús, «i la cría Damiana Vega, también en mucha pobreza».

Todos los campesinos pobres que auxiliaron a Rosaria Araya en el día de su culpa y llanto cumplieron, pues, lo que habían prometido: criar a sus hijos con la ayuda de todos. Fueron, por eso, hijos *huachos* y a la vez hijos del pueblo. También los cielos cumplieron con su pedido: le concedieron la muerte, para evadir (o pagar) la gran culpa de haber tenido tantos hijos en tan grande miseria.

La «mucha pobreza» que Rosaria había sentido cernirse como una maldición sobre la vida de sus criaturas –como otra muerte mucho peor– no fue, sin embargo, exorcizada. Cuando menos, no su ataque definitivo, de *largo plazo*. Pues, para el tiempo efímero, José Simeón, el gobernador, consiguió un paliativo: informó del caso al intendente de Coquimbo, Juan Melgarejo. El intendente, impresionado por lo que consideró «un suceso estraordinario», remitió los folios al ministro del Interior, Manuel Montt. El ministro, igualmente impresionado, pasó un oficio al presidente, Manuel Bulnes. Y el Gobierno, por acuerdo unánime, decretó que los hijos de Rosaria Araya fueran alimentados y más tarde educados «a cuenta del Tesoro Público».

Al descubrir los folios de José Simeón y las demás autoridades entre los viejos legajos del Archivo del Ministerio del Interior, decidimos averiguar cuánto duró el exorcismo que lanzara ese gobernador contra la «mucha pobreza» que se cernía sobre las criaturas de Rosaria. Hallamos que, durante tres años sucesivos, la Intendencia de Coquimbo registró en sus libros la ayuda prometida para la crianza de esos niños. Y que, desde fines de 1847, obstinadamente, los folios guardaron silencio...

En realidad, el gobernador de Illapel solo había obtenido una «caridad de Estado», un paliativo de momento, emanado de la emoción filantrópica experimentada por las autoridades estatales frente a lo que consideraron «un suceso estraordinario». Como tal, no fue suficiente para salvar a las criaturas de Rosaria de su temido destino histórico: soledad y pobreza de por vida. Mucho menos lo fue para la muchedumbre de niños chilenos pobres que, durante el largo siglo que fue desde 1830 a 1930, fueron tenazmente mordidos, desde su nacimiento, por ese mismo destino.

Es por eso que la culpa y llanto de Rosaria Araya constituyó, históricamente, un hecho premonitorio.

La «anunciación» de la angustia y culpa de las mujeres pobres que, durante un siglo, parieron sus muchos hijos en pobreza. Ese fue el pórtico normal de entrada de los niños *huachos* a ese tramo de la historia de Chile. Y es por eso mismo que el «estraordinario suceso» experimentado por Rosaria en 1845 constituye también el pórtico introductorio de este trabajo[2].

Papá y mamá: o estar «de más» sobre el camino

¿ESPERABAN USTEDES OTRA COSA?: Mateo Vega, el peón que engendró las criaturas de Rosaria, *no* se hizo presente el día del parto. Tampoco había aparecido durante el último tiempo del embarazo, porque, de haberlo hecho, ¿no habría subido con ella al monte a rescatar la pierna del buey desbarrancado? *No* estuvo acompañando la agonía final de Rosaria. *No* se hizo cargo de ninguno de los niños. ¡Ni el mismo José Simeón lo mencionó para otra cosa que no fuera para decir que era *él* quien había embarazado a Rosaria! El Gobierno, en consecuencia, dio al padre por inexistente (o por incompetente), pues en todos los documentos oficiales solo se habló de «los hijos de Rosaria Araya».

No es cosa de maravillarse, sin embargo, por el comportamiento irresponsable de Mateo Vega. Porque, cuando se tenía un padre como ese Mateo, es decir: un simple «peón», entonces había que hacerse la idea de que papá no era sino un accidente –o una cadena de incidentes– en las vidas de su prole, pues los hombres como Mateo no formaban familia. Se sentían compelidos, más bien, a «andar la tierra», en camino a otros valles, de vuelta de otros fundos, en busca de vetas escondidas, escapando a los montes, atravesando la cordillera, apareciendo, desapareciendo[3]. Dormían a cielo descubierto, iban, venían y «paraban» en cualquier rancho disperso que hallaban en su camino (un rancho, tal vez, como el de Rosaria). Sus hijos, por lo tanto, no dormían junto a ellos; tan solo se «noticiaban», de repente, de que su padre andaba en los cerros de tal parte, arreando quién sabe qué tropillas de animales, atareado en rodeos y marcajes. O que estaba en los valles de Coquimbo, donde lo habían visto oficiando de pallaquero. O en eternizadas «combinaciones» de negocios en la placilla de la quebrada[4]. Y podían pasar años sin que se tuviese el menor «noticiamiento» de él, como si hubiera muerto o se hubiera desvanecido. Hasta que alguien avisaba que estaba preso, que lo habían herido en un riña de borrachos, que lo habían visto convicto, enjaulado y engrillado, reparando el camino del puerto; o que lo habían agarrado en una leva, que lo habían hecho servir en el Ejército, que había desertado; que, en fin, en respuesta a todo eso, se había hecho cuatrero[5].

Así, poco a poco, de pura ausencia y «noticiamiento», un papá del tipo de Mateo Vega se iba transformando, en la mente de sus hijos, en una especie de leyenda, en un padre mítico, legendario, pero lejano e inútil. Por eso, a veces, se le admiraba, pero las más de las veces se le temía y rechazaba. Pues, después de todo y a final de cuentas –o sea, cuando los hijos, ya crecidos, podían comparar y juzgar–, ese padre no resultaba ser otra cosa sino un *desecho* de la sociedad[6].

¿Cuán efectivamente culpable era, sin embargo, un papá como ése?

Todos sabían que un «peón-gañán» no podía, ni él mismo, mantenerse con el jornal que pagaban entonces por su trabajo. Que las más de las veces se le forzaba a trabajar «a ración y sin salario». Que, por hallársele en el camino sin ocupación –es decir: sin una papeleta que atestiguase que tenía «amo»–, se le consideraba un «vagabundo mal entretenido», y que, como todo vagabundo, era visto por las autoridades como un sujeto de suyo pre-criminoso, razón por la que se le acosaba y perseguía. Por tanto, el papá-peón era un *sospechoso* de nacimiento[7].

¡Pobre papá! Daba lástima. A veces, como merodeando, aparecía por el rancho de mamá. Como un proscrito culpable, corrido, irresponsable. Despojado de su tonta aureola legendaria. Traía regalos, claro, algo para mamá: una yegua, un cabrito, una pierna de buey. Pero venía siempre acompañado: un 'socio' de mirada torva, oscuro, tan proscrito como él[8]. Se «aposentaba» en casa por tres o cuatro días, pero apenas si, de lejos, echaba una mirada a sus hijos. ¿Para qué más? Él y nosotros permanecíamos mutuamente fríos, observándonos, distantes, como extraños. Hasta que de pronto la visita terminaba, generalmente, en una borrachera o en un violento altercado con mamá. Cuando se iba –casi siempre en dirección al monte– el aire se nos hacía respirable, más fino, más cálido, más transparente... Que se vaya. Que se pierda en el polvo de sus caminos. ¡Que siga «aposentándose» por allí, embarazando mujeres y desparramando «huachos»!

Ustedes dirán: «no todos los hombres eran *peones-gañanes* del tipo de Mateo Vega. No todos eran vagabundos malentretenidos como él. Pues estaba el caso de los famosos *inquilinos*, que eran diferentes. Porque éstos, bajo el amparo del señorial sistema de hacienda (autoridad, organización, respeto), fundaron con su mujer familias estables, numerosas, y ellos mismos, cada noche, al término de su faena, volvían a casa al lado de su mujer y sus hijos».

Es cierto, somos muchos los chilenos que provenimos de las familias que esos «inquilinos», bajo el amparo del famoso sistema de haciendas, lograron levantar y mantener por largo tiempo. Pero ¡cuidado!, no por destacar las diferencias entre el «peón-gañán» y el «inquilino» vayamos a caer en el viejo y doble prejuicio de condenar sin más al «roto sin Dios ni Ley» para ensalzar sin más la 'hacienda moralizadora y civilizadora'. Pues, para empezar, ¿han tentado levantar rancho y familia en propiedad ajena? ¿Saben lo que es vivir arranchados bajo el signo de la transitoriedad –al inquilino se le podía echar de la tierra con toda su familia en cualquier momento–, traspasados por la voluntad arbitraria del gran propietario? ¿Lo saben? Si es así, ¿se han percatado de la conducta que sigue el papá de carne y hueso que uno ve y toca 'todos' los días? Desde luego: trabaja laboriosamente, de sol a sol, de año a año, para nosotros. Pero también *para* el patrón. Mírenlo allá, cerca de las pircas, de perfil junto al patrón –que cabalga a su lado como gran señor–: ¿no va sonriente, servicial, presto, extravertido? Y véanlo ahora aquí, dentro del rancho, doblado sobre la mesa: ¿no está iracundo, rabioso, huraño, autoritario? Allá no es más que un «sirviente» sumiso a pesar de su categoría de inquilino; aquí dentro, entre nosotros, actúa como un capataz de segunda clase: autoritario, abusivo, pese a su fama de 'padre de familia'. Pero hay más: ¿no les ha hervido la sangre cuando él deja a los jóvenes patrones entrar a nuestro rancho, sabiendo que no vienen a otra cosa sino a 'divertirse' a costa de la mamá, o las tías, o las hermanas de uno?[9]. Claro, él sabe perfectamente que no puede impedir que ellos ejerzan su derecho de meterse a nuestro rancho y de «chacotearse con las niñas», pues, después de todo, junto con nuestro pedazo de tierra y nuestra casa, nuestra familia también es tratada como *propiedad* de ellos[10].

Por todo eso –y por otras cosas más– papá «inquilino» hacía poca noticia. No formaba en torno suyo ninguna aureola legendaria, ni siquiera como la de los peones-cuatreros. Papá «inquilino» era un hombre ostentosamente sometido, precisamente en presencia y ojos de todos nosotros, sus muchos hijos. No nos producía ni admiración a la distancia ni rechazo por su cercanía, sino, simplemente, desazón. Desilusión. Y a ratos, vergüenza[11]. Algo así como una rabia sorda, que crecía dentro de uno a medida que el niño se hacía muchacho y el muchacho –óigase bien– se hacía «peón».

Solo cuando éramos muy niños, cuando había que acompañarlo a potreros distantes –por ejemplo, para hacer carbón–, solo entonces, allí, en soledad, hundidos en el silencio de los cerros y el ruido de la brisa, lográbamos establecer con él una relación cálida, íntima. Allí se nos aparecía el papá que todos esperábamos: sabio, poderoso, capaz de hacer cualquier cosa y de enseñarnos todo[12]. Pero el papá inquilino no siempre se escapaba de la hacienda en compañía de su hijo menor. También lo hacía junto a otros inquilinos, o con el mayordomo o con el mismo patrón, pero no a la intimidad de los cerros, sino al mundillo ardiente de la pulpería o chingana del pueblo cercano. Entonces no era ni cálido ni sabio, sino un estúpido borracho a caballo, que las emprendía a rebencazos contra otros parroquianos, o contra sus perros –que lo seguían en manadas a todas partes–, o contra sus hijos que, también en manadas, lo esperaban en su rancho[13]. Así, de esta manera, los buenos recuerdos de papá comenzaban a diluirse, ahogados en hechos de violencia. O en los terribles alegatos que estallaban cuando él trataba de amarrar a sus hijos mayores, de por vida, como «peones obligados» al servicio de la hacienda. Así, con el paso de los años, la imagen de nuestro papá «inquilino» se nos iba tornando, de verdad, más y más insoportable. Como un estorbo: más y más prescindible. Es que el viejo, para ascender en la jerarquía patronal, terminaba por convertirse en un rabioso capataz del orden latifundista que lo destruía a él y a todos nosotros como personas. Se fue convirtiendo en un patroncillo de tercera clase, que peonizaba «a ración y sin salario» a sus propios hijos, o por un mísero salario a los hijos de otros inquilinos. ¿En qué se convertía, al final de todo, nuestro papá «inquilino»? En un hombre apocado, servilizado, apatronado, sin agallas propias, y en el jefe de un proyecto familiar sin destino ni dignidad. Si uno quería ser un 'hombre' de verdad; o sea, un hombre digno, dueño de su propia vida y eficiente conductor de su propia familia, entonces no podía uno escogerlo a él como modelo. Así que no tenía sentido quedarse al lado de él. Había que abandonarlo apenas fuera posible. Había que echarse al camino, buscar por otros lados. Y si él quiere quedarse allí, atado a la tierra de otro, dando órdenes bajo el despotismo de otro, allá él. ¡Que se pudra en su servilismo! Y si eso significa rodar por allí solo, sin padres y sin familia, sin otra tierra bajo los pies que el polvo de los caminos, transformado en un huacho vagabundo por opción de dignidad, pues, ¡vaya!, que así sea. Es lo mejor. Claro que fue lo mejor. Pues ¿no han visto cuántos papás inquilinos concluyeron, después de todo, por escaparse ellos mismos y seguirnos en nuestra aventura? ¿No terminaron casi todos ellos por *ahuacharse* también, y establecerse como inermes «allegados» en la casa de su hijo peón más exitoso? ¿No teníamos razón?[14]

No crean que ya hemos terminado esta historia. De los papás de uno apenas se ha escrito nada. Todavía queda por hablar acerca de lo que pasaba cuando uno era hijo de *parcelero*, o de *chacarero*, *pirquinero* o, en general, de algún pequeño empresario pobre, de tipo popular. Es decir, hijo de un papá con medios propios de producción. 'Medios propios de producción'... Suena bien, ¿no? Un papá-empresario, dueño de su proyecto de trabajo, gestor de un incipiente proceso de acumulación, conductor indiscutido de una familia 'decente'. En este caso, era distinto que trabajáramos sin salario para él –aunque fuéramos verdaderos peones obligados–, porque trabajábamos para nosotros mismos. Así que los problemas que encontrábamos en la faena productiva los resolvíamos colectivamente, entre todos. Más aún: festivamente. ¿Cómo no estar alegres, cómo no celebrar, cuando, por ejemplo, levantábamos por mano propia no un rancho transitorio de hacienda, sino una definitiva casa familiar de adobe y teja?[15] ¿Cuando cosechábamos nuestro propio trigo, fundíamos metales en nuestra propia fragua o lavábamos arenas auríferas en nuestras propias instalaciones? Papá soñaba con comprar más animales, adquirir 'otros' retazos de tierra, levantar un trapiche o una chimenea de ladrillo a fuego para la fragua. Mamá aburría a todo el mundo exigiendo una cocina techada con tejas y no una miserable ramada. ¡Si hasta se preocupaban de enviarnos a la escuela![16] Cuando ellos estuvieron bien, fue el tiempo de nuestra infancia feliz. Fue la época en que papá brillaba sobre nuestras vidas cálido y soberano, como el sol.

En algún momento, sin embargo –¿bajo qué nebulosidad de infancia comenzó a desencadenarse 'eso'?–, papá se fue poniendo opaco y mamá triste. Todo comenzó a marchar con dificultad. De repente, sin saber cómo, todo dejó de marchar. Y, de golpe, sentimos hambre. Y fueron desapareciendo las cosas que nos enorgullecían; incluso, las herramientas de trabajo. ¿Cuándo comenzó a suceder eso? ¿Fue cuando empezaron a visitar nuestra casa esos *futres* de la ciudad? ¿Esos agentes de comercio, esos diezmeros, los estanquilleros, los hacendados vecinos, el cura, el juez, el subdelegado, los alguaciles? ¿Cuando, como un latigazo, caían desde Santiago sobre nuestras casas las levas militares? ¿Fue cuando los «habilitadores» se apoderaron por deuda de las minas de los «pirquineros»? ¿Cuando los hacendados, los bodegueros, los diezmeros, los molineros y sus aliados despojaron de sus tierras, bueyes y enseres a los labradores que, por deudas, vendían sus cosechas «en verde»? ¿Cuando en la gran ciudad los mercaderes del «barrio del comercio» hicieron demoler los «rancheríos industriales», erradicar las «fraguas», eliminar los «tendales» y alzar las patentes municipales a los talleres del artesanado «plebeyo»?[17].

No sabemos exactamente cómo ocurrió todo eso, pero desde entonces nada fue lo mismo. Papá comenzó a esconderse en los montes cercanos. Tenía miedo de que los *futres* (los mercaderes, los jueces, los curas, los militares) le quitaran todo o lo encarcelaran. Fue entonces cuando mamá, sola, tuvo que enfrentarlos. Todavía la veo plantada en la puerta de la casa, tranca en mano, dispuesta a corretear a palos esas aves de rapiña[18]. Pero los buitres volvían una y otra vez, sin perturbarse. Papá tuvo que, definitivamente, dedicarse a aquello de «andar el monte». No estando él, y viendo su camino despejado, los «diezmeros», «jueces» y todos sus secuaces avanzaron por todos lados como langostas. Hasta que se llevaron casi todo. Y mamá ya no pudo hacer nada. No teníamos nada. Fue el fin: había que irse. *Teníamos* que irnos, aunque quedara algo, porque lo que quedaba había que dividirlo entre los seis, siete, ocho o más hermanos que crecimos junto a papá y mamá. Y lo que podía tocarle a cada uno no servía para nada que fuera digno. De modo que uno, en ese momento, pudo preguntarse: «todo el esfuerzo de los viejos, todo el esfuerzo nuestro, ¿qué sentido tuvo? ¿Qué pudo papá, aun con el apoyo de todos nosotros, contra la alianza de los mercaderes, los jueces y los militares? ¿Qué recibimos nosotros de todo eso, al final?»... Nada[19]. Y ahí quedó papá, proscrito, convertido a la fuerza en bandolero, en ladrón de ganados o en un anarquista; o sea, en un perseguido. Vagabundeando por ahí codo a codo con los desprestigiados peones-gañanes. ¿Qué podíamos hacer entonces nosotros? ¿Rondar como fantasmas en torno a los restos de la parcela, o de la viña, o de la mina broceada, en torno a la fragua erradicada o cerrada por insalubre? ¿Llorar la derrota de papá empresario frente al poder de la clase mercantil? ¿No era mejor, pues, enrabiados como todo *huacho*, insultar a los jueces y echarse también al camino?[20]

Hemos llegado al punto en que, tal vez, es mejor no seguir. Porque si seguimos hablando de 'nuestros' viejos tendremos que hablar de leyendas de bandidos, de presencias pusilánimes, de hombres derrotados. O sea, de *ausencias* que fueron incapaces de retener a su lado los muchos hijos que echaron al mundo. Porque no nos abrieron camino. Porque, por el contrario, nos bloquearon. Así que ellos terminaron repeliéndonos, y nosotros, rechazándolos. O por causa de ellos mismos, o por abusos de terceros; que para el balance final, da lo mismo. Porque lo que realmente cuenta ahora es que, por un camino u otro, nos convertimos casi todos en *huachos*, en una enorme masa de niños y muchachos que estaban «demás» sobre el camino. Es nuestra identidad, lo sentimos, pero aquí es lo único que cuenta.

Ahora dirán ustedes: ¿y qué pasaba con mamá? Nada fuera de lo corriente, ya que —como lo presintió Rosaria Araya— los hijos se quedan siempre aferrados a la madre. Sobre todo cuando el padre huyó o hay naufragio conyugal. Entonces, digámoslo de entrada: mamá se quedaba a disgusto con nosotros. Es que para ella éramos un cepo que le impedía moverse con la agilidad requerida para subsistir en un medio tan difícil como era el que acosaba a las chilenas pobres del siglo XIX, un medio donde la mayoría de los hombres –se supone los más fuertes– fracasaba sin remedio. Mamá no podía escapar de nosotros. No. No podía. Y por eso, digámoslo francamente, le estorbábamos. ¡Y vaya si le estorbábamos! Si su impulso más primario –tras echarnos al mundo y comprender que estaba sola, como Rosaria– era *repartirnos*. Eso, exactamente eso: obsequiarnos a cualquier sujeto con medios suficientes para 'tenernos'. Ella no escapaba como papá, ciertamente, pero en cambio se deshacía de nosotros tan pronto como podía. Y podía pronto, muy pronto, decidirse a *eso*. ¿No lo creen?

Usaba distintos procedimientos. Uno de ellos consistía en llevar a 'su' niño recién nacido, en la oscuridad de la noche, a una casona patricia en cuyo zaguán, envuelto en toscas mantillas, lo dejaba «expuesto». Ella golpeaba la puerta y luego, rápida y furtivamente, desaparecía. Eso sí, golpeaba fuerte, para que oyeran las sirvientas de la casa, para impedir que el niño llorara largo rato a la intemperie[21]. Una variante de ese procedimiento consistía en llevar al niño, también de noche, hasta la llamada Casa de Expósitos. Una vez allí, depositaba el bulto sobre una bandeja adosada a un torno, giraba el torno –que introducía al niño al interior del ventanuco–, tiraba la cuerda de una campana que colgaba junto al torno, y desaparecía. Literalmente: desaparecía[22]. ¿Qué sentía mamá cuando escapaba corriendo de vuelta hacia su rancho? ¿Iba con pena? ¿Iba llorando? Tal vez sí. Pero es probable también que no, porque, según revela otro de sus 'procedimientos', solía regalarnos, a plena luz del día y con una gran sonrisa en sus labios –como si fuéramos una flor de su jardín–, a algún patrón o patrona muy querido para ella[23]. Y no era todo: otras veces preferían vendernos *a la usanza* –como se denominaba a este 'procedimiento'– de los mercachifles que suministraban niños huachos y chinas a las casonas y palacios de Santiago, que devoraban y consumían sirvientes como si fueran «frutos del país»[24]. En la capital, los *huachos* servíamos para rellenar cualquier oficio servil: desde esclavos puertas adentro de las casas señoriales, hasta las plazas vacías del llamado Ejército de la Patria; todo, por supuesto, «a ración y sin salario»[25]. Pero eran muchas las mujeres –más de lo que cualquiera pudiera imaginar– que, en su desesperación, tomaban la decisión suprema de deshacerse de nosotros de un modo más directo: *arrojándonos al fondo de una quebrada*. Allí, entre el barro y el estiércol, terminábamos convertidos en carne para perros, ratas y chanchos[26].

¿Una exageración de nuestra parte? ¿Ustedes creen que nos estamos sobrepasando en nuestro resquemor? No, no es puro resquemor: es, sobre todo, cruda realidad. Porque ellas, de verdad, muchas veces nos preferían muertos. Creían, incluso, que la muerte nos libraba de este mundo. Si no, ¿cómo explicar ese hecho tan de sobra conocido, esa fiesta adulta que consistía en celebrar y alegrarse porque, cuando moríamos, nos convertíamos en verdaderos niños; es decir: en auténticos *angelitos*?[27].

¡De más valía era un niño muerto y en el reino de los cielos que vivo, hambriento y estorbando a sus madres en este valle de lágrimas!

Es cierto que había otras mamás que decidían conservarnos a su lado. Cuando esto ocurría, nos agarrábamos a ella como desesperados, de media docena para arriba y, en tropel, tenía que «cargarnos» –era la expresión usada– donde quiera que ella fuese. Si era lavandera, la seguíamos hasta los pilones y acequias de la plaza, donde, junto a otros *huachos*, estorbábamos días enteros, lo que obligaba a la policía a intervenir[28]. Si era fritanguera o vivandera, la seguíamos hasta las cañadas, plazuelas y descampados donde instalaba su cocina, sus ramadas, tendales, mesones y ventas. Pero si era cocinera o sirvienta de puertas adentro, no podíamos seguirla y teníamos que quedarnos en el rancho donde vivíamos, a veces solos, a veces en custodia de la abuela[29]. En cualquier caso, estaba siempre ocupada.

Nuestra algazara, por más terrible que fuera, no lograba distraerla de sus quehaceres ni retenerla para nosotros. No la poseíamos. Era, para nosotros, una madre *ajena*.

Hay algo, sin embargo, que no puede negarse: tenía agallas. Cuando ya se encontraba cargando más de un niño, tomaba una decisión crucial: abandonar la casa de la abuela para arrancharse por cuenta propia. ¡Cómo majadereaba entonces al tinterillo del pueblo para que redactara para ella, «a ruego», una «petición de sitio» dirigida a «vuestra señoría», al alcalde, o al intendente![30]. Al final, lo conseguía: le daban o arrendaban una cuadra, un cuarto de cuadra, unas pocas varas de tierra. Y en ese sitio, como podía, levantaba su rancho, sus «planteles» de árboles frutales, sus hortalizas[31]. Y al cabo de un tiempo, su «quinta» era un vergel lleno de vida, abierto, hospitalario, generoso. Pero ¿qué ingreso le generaban los productos que cultivaba en su «quinta»? Rara vez más de $30 anuales (según documentos oficiales), ¡cuando lo que se necesitaba al año para alimentar a su «mucha familia» no podía ser menos de $ 120![32]. Así que, de todos modos, tenía que salir a lavar ropa, a instalar fritanguerías en la Alameda, o convertir su rancho en una *chingana o fonda* para incrementar sus ingresos. Por entonces, a pesar de contar con sitio y rancho, mamá era una mujer de 'esas' que las autoridades llamaban, con sospecha y no poco desprecio, «abandonadas». ¿Abandonada? Sí, claro, pero *joven*. Mamá era joven, vivía sola y atraía hombres como moscas. En el rancho (o chingana) de mamá pernoctaban labradores, peones, afuerinos, terratenientes, bandidos, comerciantes, hombres de paso, de todo tipo. Allí comían, bebían, cantaban, jugaban y se divertían, formando a menudo «encierros» que escandalizaban a los curas, jueces y hacendados de la vecindad[33]. No era raro que nosotros, en las noches, anduviéramos a tropezones con los borrachos que se dormían en cualquier parte (cuyas bolsas y morrales eran, para nosotros, fáciles de 'aligerar'). Las trompadas y los cuchillazos no escaseaban, y la sangre derramada obligaba a los vigilantes a irrumpir violentamente en nuestro rancho, terminando con mamá en un calabozo, para espanto de sus parroquianos, que, al saberlo, no dudaban en asaltar la cárcel para liberarla[34].

¿Era mamá una *puta* o no?

Para los jueces, para los curas y los grandes hacendados de la provincia, *sí*, lo era. ¡Y en qué grado! De modo que la acosaban, la denunciaban por adulterio, por amancebamiento, prostitución, robo, por inmoralidad, por lo que fuera. Uno vivía todos los días sobre ascuas. Había violencia atmosférica dentro y fuera de nuestro rancho. Uno podía ver y vivir escenas de *todo* tipo. Por eso, el cariño que sentíamos por mamá estaba atravesado en todas partes por estallidos de violencia física y emocional que nos reventaban en el alma periódicamente. Todos los días, o todas las noches. Una y otra vez. Qué más vueltas darle: la vieja era escandalosa. Desprejuiciada. Y por eso acusada de «inmoral». Y no era extraño que, más tarde o más temprano, los jueces determinaran deportarla a La Frontera, donde la «depositaban» en casa de algún propietario «de honor», para que sirviese de por vida, «a mérito y sin salario»[35]. Cuando ordenaban eso, confiscaban también su sitio, incendiaban su rancho, y a nosotros nos repartían en diferentes «casas de honor» para aprender a servir y «tener amo», único modo de ganarse el derecho a circular por el territorio sin ser perseguidos por «vagabundos»[36]. ¡Pobre mamá! Su callejón sin salida era de ida y vuelta: de sirviente a puta y de puta a sirviente. Y en ese callejón crecíamos nosotros. Era nuestro modo de ser *huachos*.

Algo cambió la situación después de 1860. La industria manufacturera comenzó a desarrollarse en varias ciudades y muchas mujeres «abandonadas» hallaron en el trabajo asalariado una vía de escape a la servidumbre perpetua en que se hallaban sumidas. Por eso, grandes masas de mujeres pobres se transformaron en «costureras», en trabajadoras «a domicilio» para algún comerciante de ropa hecha, o en «operarias», saturando las barracas de alguna fábrica de vestuario. Ganar un «salario», aunque fuera de explotación, significaba para ellas independencia, la posibilidad de trabajar en casa junto a sus hijos, de comprar su propia máquina de coser y de acabar con la larga historia de servidumbres «a ración y sin salario». Siendo «costureras» asalariadas podían –pese a la sospecha de prostitución que las rodeó siempre– luchar por *dignificar* su vida, y por eso, al sentir que se abría para ellas el futuro, no solo perseveraron en su condición de «operarias», sino que ingresaron masivamente a las escuelas vocacionales que comenzaron a abrirse por entonces (superando en esto, a fines de siglo, a los hombres). Es que ya no querían seguir sirviendo: querían emanciparse. Pero ya no pidiendo a los alcaldes un sitio por limosna, sino ganando dignidad por independencia social. Con todo, su afán de liberación fue mal visto por los «amos», que, en el Congreso Nacional, calificaron con sorna esa lucha como el nuevo camino de su endémica prostitución[37].

Y no hubo reconocimiento oficial ni apoyo estatal. El movimiento de dignificación se estrelló pronto con una gran muralla. La misma de antes. La misma de siempre. Pues ¿qué sucedió al final?

Que mamá no hizo más que cambiar su florida «quinta» por un «cuarto de conventillo». El aireado rancho de suburbio por un tugurio repleto de emanaciones irrespirables. Su independencia escandalosa por una decencia enfermiza. Cuando mamá creyó alcanzar por fin su dignificación, fue justo cuando nos recluyó en una cárcel apestosa, donde nuestra salud comenzó a debilitarse irremediablemente. Y fue dentro de esa estrecha pieza de conventillo donde un día reapareció papá, regresando derrotado de quién sabe dónde, dispuesto esta vez a participar como jefe de una *familia proletaria*. Justo allí, en el infierno. Justo cuando estábamos prisioneros de nuestra máxima miseria. Y entonces, de nuevo, estalló la violencia. Solo que, esta vez, no fue entre parroquianos embrutecidos o entre la policía y los transgresores, sino, exactamente, entre nosotros: entre papá y mamá, o entre ellos *contra* nosotros. Y aprendimos a vivir, por fuera y por dentro, el lento proceso de alcoholización de nuestros viejos, la prostitución temprana de nuestras hermanas (violadas, a veces, por nuestro padre), a las que nadie, ya, se dio el trabajo de denunciar y deportar por lo que hacían (o vendían). Así que, allí, en nuestras propias narices, se pudrió toda nuestra familia, a mierda lenta. Lenta, como iba el agua pútrida que surcaba, en remolinos, el patio del conventillo. Lenta, como la rabia que nos apretaba por dentro la garganta, impidiéndonos tragar. Lenta, como un cámara de gas a punto de estallar. Teníamos que reventar por algún lado. O salir de allí. Escapar a alguna parte. Pero ¿hacia dónde podía escapar un niño *huacho* por 1900, en Santiago de Chile, sino a la calle? Y vean, pues, ustedes: ¿de qué nos sirvió quedarnos agarrados a las pretinas de mamá si, al final de todo, y como antes, lo mismo terminamos estando *demás* sobre el camino? La única verdad permanente de nuestras vidas fue que ¡sobrábamos!

Había que comprenderlo de una vez y para siempre: para nosotros, la vida no consistía en seguir majaderamente las huellas de papá y mamá. No podíamos repetir el ejemplo que nos daban. No tenía sentido construir nada puertas adentro. No con ellos. No allí dentro. Nuestra única posibilidad radicaba en buscarnos entre nosotros mismos puertas afuera. En construir algo 'entre' los *huachos*, 'por' los huachos y 'para' los *huachos*.

Estaba claro: teníamos que apandillarnos o morir.

Fue lo que aprendimos a hacer, desde el principio, en torno a los pilones, donde, semidesnudas, lavaban las mujeres. En la «caja del río», en guerra de piedras contra los *chimberos*. En las chacras, contra las tapias de los vecinos. En las playas, mariscando, saqueando navíos naufragados. Agarrando carbón a lo largo del ferrocarril. En el puente de palos, en los muladares, en las recovas, frente a las chinganas. Yendo y viniendo en todas partes, como nubes de moscas o de avispas. Así fuimos construyendo un afiebrado mundo propio –que para los adultos era solo un zumbido de zánganos marginales–, el cual, créanlo o no, fue ofreciéndonos sustitutos y sucedáneos para todo. «Compañeros» en vez de hermanos. «Socios» en vez de padres. Geografía para caminar, en vez de estratos sociales que escalar. Riquezas lejanas y fabulosas que desenterrar, a cambio de salarios miserables que «ganar». Excedentes ajenos de los cuales apropiarse, en sustitución de lo propio que nunca nos dieron. Y por sobre todo, en vez de amor, *camaradería*. Esa camaradería que, para nosotros los *huachos*, es un principio básico de vida, especialmente la camaradería masculina[38]. Sin ella no se puede «andar la tierra». No se puede seguir hasta el final un «derrotero». No se puede «combinar» un asalto, un robo, un alzamiento en la faena, ni es posible defenderse ni hallar refugio. Sin camaradería, verdaderamente, no se es nada. A lo más, solo un pobre *huacho* inerme y abandonado.

Gritémoslo fuerte: ¡nuestra camaradería de huachos constituyó el origen histórico de la conciencia proletaria en Chile!, un primario instinto «de clase» que, para nosotros, fue más importante –para bien o para mal– que el instinto de familia. Fuimos, por eso, la primera y más firme piedra de la identidad popular en este país.

Nos vimos forzados, por lo tanto, a darnos nuestra propia 'ley', a levantar como fuera nuestra propia sociedad, y labrar de cualquier modo nuestro propio proyecto de vida. Definimos a pulso nuestro papel histórico y hemos dado vida, a empujones, a nuestro propio movimiento, les guste o no les guste. Son ustedes los que, a la larga, pagarán las consecuencias, porque, en cuanto a nosotros, no deben olvidar nunca que ya hemos pagado *con creces* por todo eso.

Discurso oficial
y política para huachos

> *El bien del pobre... no consiste en atender sus*
> *necesidades corporales. Dios quiere las almas.*
> *El mal no es el hambre, el frío, la enfermedad,*
> *ni la desnudez... No es el abandono, ni el*
> *desprecio de los hombres*[39].
>
> *El mal es el vicio. Es el pecado.*
> *Ideas falsas que del pobre tiene el mundo:*
> *la primera es considerarlo como desgraciado...*
> *El Evangelio lo declara feliz*[40].

Compatriotas: con frecuencia creciente se está publicando en los periódicos ideas inapropiadas y peligrosas, tales como: «la triste condición de los pobres», y otras peores como: «la clase obrera, deseosa de tener representantes en el Congreso, ha comenzado a trabajar para obtener el triunfo de sus candidatos»...

¿Es que aun no se entiende que la pobreza es producto no de otra cosa sino del vicio, la flojera y la insolencia?

¿Todavía no se sabe que en Chile no hay ni podrá haber nunca 'clases sociales', ni menos *conflicto de clases*?

Estas ideas, falsas y corrosivas, están socavando el orden público, las leyes, el alma nacional:

En Chile, por nuestras Leyes, no hai clases ni castas; todos los ciudadanos son iguales; en nuestra sociedad, escepto las naturales diferencias que tienen su origen en la diversidad de caudales, ilustración i virtudes, no hai otras diferencias... ¡Y la llamada 'clase obrera' creyó que era otra clase i como clase comenzó a obrar!... He aquí el mal, el terrible mal... Peleaba ya el pueblo en las lides de la igualdad cuando ya poseía esa igualdad, cuando con su lucha destruía esa igualdad... ¡Ojalá que los que aman la patria se detengan un momento a atajar el mal que comienza![41]

Y no falta quien declare en algún pasquín –como si fuera poco– que es necesario luchar políticamente para imponer la llamada «soberanía popular». Honestamente preguntémonos ¿en qué podría consistir ésta en Chile? Si hemos de atenernos a nuestra realidad, esa imposición solo podría consistir –y no hay atenuantes– en que los «*rotos sin Dios ni Ley*» tengan el 'derecho' a regir los destinos de una nación civilizada, como es y quiere ser nuestra amada Patria. Porque –dicen algunos– somos todos ciudadanos. Pero ¿qué clase de ciudadanos son ya el «vagabunderío» y el «rotaje» de este país?

Escuchad esas vociferaciones, ved esos rebaños de hombres andrajosos que arroja el fango de los arrabales: es el motín que pasa. Ha apestado el aire. He aquí 'el pueblo'... ¡el pueblo soberano! Esa mescolanza de pálidos mata-perros, de vigilados por la justicia, de horrorosas bacantes, esas frentes estúpidas i embadurnadas de vino –¿eso es el pueblo?– ¡Vaya pues! Eso es lodo humano... horribles pigmeos, impuro cardumen que ahúlla i que degüella»[42].

El problema, caballeros, no consiste en dar representación a la supuesta «clase obrera». Sería darla, irresponsablemente, al «motín que pasa», a la hez misma de la sociedad. No, señores. Debemos actuar firmemente contra tales afanes del modo en que lo hemos hecho siempre: 'dando amos' a toda esa gentuza, porque, *primero*, debemos moralizarlos, eliminar sus vicios, su instinto delictivo, «ese manantial inagotable de vicios i de crímenes, que tantas causas fatales concurren a aumentar en las poblaciones»[43]. Pues estamos invadidos por pandillas de huachos; bandas de rotos alzados; gavillas de cuatreros; colleras de cangalleros; encierros de ociosos, mal entretenidos y tahúres; nubes de mendigos en todas partes y turbas de mujeres que vociferan en las puertas de billares y cafés chinos. Porque nuestra sociedad culta, cristiana y civilizada vive en nuestro país bajo la amenaza permanente de la barbarie y el salvajismo. Es lo que muestra el bien documentado Informe presentado a la Asamblea de Santiago por don Manuel Pérez, don Isidoro Errázuriz y don Pedro Félix Vicuña, uno de cuyos párrafos denuncia de modo taxativo: «cuasi todo el sexo débil... se prostituye y se consume en forzada inacción, y los niños en nada se ocupan»[44]. *Segundo*, debemos actuar con severidad ejemplar, porque esa gente está atacando el sagrado derecho de propiedad, la familia decente, la majestad de la ley y la autoridad suprema de la Nación. Y, *tercero*, debemos disciplinarlos imponiéndoles todo el peso de la ley hasta extinguir su compulsiva inclinación a la holgazanería, a los juegos de azar y al vicio, que hoy sustraen sus brazos del trabajo productivo, el único capaz de engrandecer la Patria. Comprenderéis, señores, que una amenaza como ésta, que corroe los fundamentos mismos de nuestra civilización, debe ser erradicada *a cualquier costo*. A como dé lugar. Sin contemplaciones. Por eso, hemos encomendado a nuestros intendentes, gobernadores, subdelegados e inspectores ejecutar, de manera drástica e implacable

la persecusión de los vagos... la estirpación de estos parásitos... la extinción de las reuniones crapulosas que se forman en algunos bodegones o cuartos de mujeres perdidas, que viven juntas escandalosamente y son una verdadera peste de la sociedad[45].

Hemos declarado una guerra de exterminio contra el *vagabundería*, que debe comenzar, necesariamente, por la extirpación de los niños *huachos* que, por miles, infestan nuestras calles y plazuelas levantando algazaras insoportables que se extienden por todo el día, lo que es el resultado del hecho de que son sus madres las que, irresponsablemente, los descuidan mientras ellas simulan lavar –semidesnudas y sin temor de Dios– en los pilones y acequias de la ciudad, mientras en realidad tejen conciliábulos y amancebamientos con los mocetones y holgazanes que las rodean, con gran escándalo para el vecindario honesto[46]. Debemos eliminar todos estos escenarios deprimentes de nuestra ciudad, razón por la que nuestros bandos y ordenanzas de policía se han orientado, primero que nada, a combatir la vida escandalosa y la irresponsabilidad maternal de esas mujeres:

Artículo 6: Se prohibe absolutamente como escandalosa e inmoral la venta por las calles de dulces, comestibles y demás que hacen las muchachas de 10 años para arriba. Artículo 12: Se prohibe a las lavanderas, cocineras... y demás, lavar en las acequias de la ciudad. Artículo 16: Se prohibe poner en las calles y sus veredas braseros, fuegos, cocinas, ventas de ninguna especie y toda clase de estorbo, que una costumbre inveterada e indecente ha permitido[47].

Con estas medidas –y otras que por ahora omitiremos– vamos a terminar con el *callejerío* de las mujeres de pueblo y la insalubridad que las sigue a todas partes como si fuera su sombra, afeando nuestras plazas, puentes y portales. Estamos convencidos, señores, de que ése es el único medio que puede obligar a tales mujeres a permanecer en sus cuartos, y junto a ellas, sus «cargas de niños». Sin embargo, la experiencia enseña que, aun estando las madres recluidas en sus habitaciones, no cuidan ni cuidarán de esos niños como debieran, pues éstos se escapan al menor descuido, desparramándose hacia la calle, el río y los portales. En consecuencia, creemos que la policía deberá actuar no solo sobre sus madres, sino también, *directamente*, contra esos niños, único medio capaz de librar a la ciudad de su vandalismo. De estos principios básicos de higiene pública, hemos deducido otros bandos y ordenanzas que han ido perfeccionando nuestras políticas de orden y moralidad ciudadanas. De estos nuevos bandos destacamos estos artículos:

> *Artículo 4: Se prohíbe absolutamente toda clase de juegos en las calles... excepto el volantín... Si fueren muchachos, serán reunidos en un cuarto de la policía durante dos días, ocupándose en alguna cosa útil, pudiendo sus padres sacarlos, exibiendo la multa de un peso*[48]*. Artículo 2: Es prohibido en las calles, plazas u otros sitios públicos, juegos de bolos, ruedas de fortuna, naipes, dados, chapas, trompo de clavar, taba, volantín i demás semejantes, bajo la pena de 4 a 8 días de presidio a cada uno de los que estuviesen, bien sea jugando o aciendo parte de la reunión en que se juega*[49]*. Artículo 65: Todo niño que se encontrare jugando o cometiendo desórdenes en las calles, será conducido por 24 horas al cuartel de policía, pudiendo sus padres rescatarlos pagando una multa de 25 centavos. Los que no paguen las multas... sufrirán una prisión de 24 horas por cada 25 centavos*[50]*.

Debemos confesar, caballeros −y nos duele decirlo−, que, aunque esperábamos con la aplicación de estos bandos extinguir por completo la insana costumbre popular de vivir escandalosamente en plena calle, en las plazas, cañadas y bordes de río, todo, lamentablemente, ha sido inútil. La compulsión del pueblo a vaciarse en la calle y vivir sus vidas privadas a vista de todo el vecindario parece ser irrefrenable y, a ratos, imposible de erradicar. En verdad, la situación apenas ha cambiado. El tomar nota de estos magros resultados nos llevó a la convicción de que, por el imperativo ético de todo buen gobierno, debíamos atacar el mal yendo directo a *sus mismas raíces*. Por eso, hemos dictado decretos aun más radicales. Nos hemos sentido compelidos a ello, a pesar de nuestros escrúpulos, para impedir un mal catastrófico: que la ciudad fuera abrazada y asfixiada por la barbarie que la infesta. Y hemos dado instrucciones perentorias a los subdelegados e inspectores para que, dondequiera que sea necesario, *confisquen* sin más a todos los niños que encuentren vagando en las calles, a fin de darles el destino que el interés público –y no la inmoralidad en que viven sus madres– determine:

> *Los Subdelegados e Inspectores... cuidarán de recojer a los niños o jóvenes huérfános sin tutores o curadores, a los que estén fuera del hogar paterno... o a los muchachos que, siendo forasteros, andan prófugos, sin destino, y los pondrán a disposición del Juez de Policía para que los entregue (según su edad) a algún vecino honrado y religioso con el objeto de que los eduque y sirva de ellos como de sus hijos[51].*

Por las mismas razones de buen gobierno, no solo decretamos la confiscación de cuanto niño huacho vagabundee por las calles, sino también la intervención policial en *recintos públicos o privados* donde se realicen ceremonias, ritos y eventos que son constitutivos de nuestra institucionalidad. Lo que se justifica porque los niños de pueblo, en general, 'no saben respetar'. Son insolentes por naturaleza, no reconocen reglas, profanan lo sagrado y arruinan nuestras procesiones, sacramentos y liturgias. En vista de ello, dictamos el Artículo 72, de la Ordenanza del 8 de enero de 1847, y el 61, de la dictada el 28 de mayo de 1855. En su detalle, esos cuerpos legales dictaminan:

> *Artículo 72: La policía impedirá las reuniones, especialmente de niños u hombres, que suelen hacerse para gritar en óleos o formar alguna otra clase de ruido o algazara»[52]. Artículo 61: «No se permitirán reuniones de niños en la celebración de óleos, ni que se moleste por ellos a las personas que concurren a este acto religioso. A los que se encontraren en tales circunstancias, los ajentes de policía los harán retirar a sus casas, i si desobedecieren, los llevarán a la guardia»[53].*

Es de interés destacar también el Artículo 62, por el cual se prohíbe terminantemente realizar aquellas «funciones que suele tener la gente de pueblo cuando muere algún párbulo, con el nombre de celebración de *angelitos*. Multa: 4 pesos»[54]. Algunas autoridades locales, llevadas de su celo, han aumentado esta multa a 5 pesos, conmutable por veinte días de prisión[55]. Todos sabemos –y no es necesario reiterarlo aquí– el carácter incivilizado y ofensivo a las buenas costumbres que tienen tales «funciones» del pueblo.

Como podéis apreciar, no hemos escatimado esfuerzos para terminar con estos males. Hemos hecho todo lo posible. Hemos tenido en nuestra mente, siempre, el interés superior de la moralidad pública y el bien de la Patria. No obstante, pese a nuestro empeño, ha sido imposible detener la *marea de párvulos* que inunda día tras día nuestras calles y nuestra capital. Estamos estrellándonos, caballeros, contra un muro infranqueable que, si se logra empujar hasta el fondo de los cuartos o a la oscuridad de las cárceles, reaparece más sólido que nunca al día siguiente. ¿Qué más podemos hacer? No hay mañana que no se nos informe que, durante la noche, dos, tres, cuatro, ¡cinco! niños indigentes han sido subrepticiamente abandonados en los pórticos y zaguanes de las casas principales, al amparo de las sombras y la irresponsabilidad de sus madres. Estamos empeñados en lanzar una ofensiva moralizadora a plena luz del día, pero ellas nos desmoralizan en la oscuridad de la noche, inundándonos de «*niños expósitos*». No sin alguna desesperación, también nos hemos preocupado de este problema.

¿De qué modo? Estableciendo, en todas las ciudades importantes del país, una Casa de Expósitos (o de Huérfanos), cuya función específica es recoger, alimentar y educar a las criaturas que sus madres desalmadas han abandonado y «expuesto» a la caridad pública. A través de estas Casas hemos asumido la responsabilidad de hacer de esos niños seres útiles a la sociedad. El trabajo humanitario que allí se realiza debería ser conocido y valorado por todos los ciudadanos contribuyentes de este país, y con este fin detallaremos a continuación –en especial, para vosotros– algunos aspectos de esta obra:

Recepción de los huérfanos. En la Casa hai un torno donde se reciben los huérfanos que se esponen. A la señal que hace la persona que quiere esponer un niño, ocurre la tornera, quien lo recibe, y si es hora competente, se bautiza, si no lo está, por el Capellán de la Casa, y se sienta la correspondiente partida de entrada en un libro que se lleva al efecto por el ecónomo. Enseguida se le entrega a la nodriza, si la hai de pronto, y si no, pasa a una mujer encargada de mamantarlos interin se les pone de nodriza. Cuando la esposición del huérfano es de noche, o a horas en que ya se ha retirado el Capellán (salario: 399 pesos 72 reales anuales), la tornera (30 pesos 72 reales anuales) lo pasa a la encargada de mamantarlos, y al día siguiente se le bautiza... No todos los huérfanos que hai en la Casa han sido espuestos en el torno, sino proceden también de los que se remiten del Hospital de las Mujeres enfermas, de las que desembarazan en la Casa, y de los que pasa la policía[56].

La crianza de los niños expósitos se hace por mediación de nodrizas, que los «mamantan» en sus propias casas. Como regla general, preferimos a las del campo, que tienen mejor salud y calidad de leche. Decenas de mujeres vienen todos los días a ofrecernos sus servicios para este trabajo. Semejante oferta se explica por el hecho de que la Casa paga un salario de 20 ½ reales al mes por nodrizaje, pago que se extiende hasta que al niño le salgan los dientes. De «esta época para adelante (pagamos) 16 ½ reales». Cuando muere un huérfano, es obligación de la nodriza conducir el cadáver a la Casa, desde donde se le conduce al Panteón por un sirviente (84 pesos anuales). Debemos confesaros que, hasta el año 1868, observamos «la costumbre de arrojar los cadáveres de los párvulos no bautizados, las secundinas de las parturientas y otras materias semejantes en un pozo abierto». Pero una denuncia de la Intendencia de Santiago y un severo dictamen posterior nos obligó, a partir de ese año, a habilitar «un lugar cerca del Cementerio General» para depositar esas materias y además «los cadáveres (de niños) que no pueden tener sepultación eclesiástica»[57].

Al principio, cuando nuestra política para huérfanos no estaba aún plenamente institucionalizada, los niños de la Casa, al cumplir tres para cuatro años, eran entregados a personas formales «que los solicitaban para su servicio». Ahora, en cambio, contamos con el valioso concurso de la Casa de Providencia. Es allí donde estamos remitiendo ahora los expósitos que cumplen esa edad[58]. Las Hermanas de la Congregación de Providencia tienen por misión educar formalmente a esos niños. Ellas les enseñan religión, lectura, escritura y aritmética. «Las mujeres aprenden también a coser, lavar, cocinar, i en jeneral todo lo que concierne al *servicio doméstico*». Los hombrecitos pueden permanecer en esa Casa solo hasta los diez años, «no pudiendo quedar en ella pasados dicha edad». Vosotros podréis comprender de suyo las razones de esa regla. En todo caso, las Hermanas de la Providencia colocan, tanto a niños como a niñas, como *sirvientes* en casas de respeto[59]. De este modo, hemos conseguido que los niños abandonados reciban, de modo intensivo y completo, toda la instrucción que la gente de esa clase debe recibir para vivir honestamente en nuestra sociedad[60].

En este punto, hemos realizado una obra que, sin duda, permanecerá en el tiempo como testimonio de la preocupación que las autoridades han puesto en la solución del grave problema de los niños abandonados por sus madres. Las instituciones de beneficencia que se han creado responden al espíritu civilizador de nuestra (alta) sociedad. Pues una parte importante del vagabunderío infantil ha sido educado para *servir* en nuestras casas de respeto. En este punto, todos tenemos y tendremos nuestra conciencia cristiana en paz.

Si, pese a toda esta creación filantrópica, el gran vientre siempre hinchado de las mujeres de pueblo continúa inundándonos de párvulos y niños huachos; si, pese a nuestras campañas policiales y de beneficencia, sigue el pueblo volcando sus intimidades y su barbarie en nuestras calles, es que, entonces, estamos ante un problema que ni los bandos y ordenanzas de policía, ni las decisiones de los municipios, ni las enseñanzas de la Iglesia lograrán resolver. Ni la cárcel ni la caridad están demostrando ser eficientes. Mientras el 'bajo pueblo' chileno siga dominado por las masas de «rotos sin Dios ni Ley», solo la autoridad propia de una política *excepcional* de Estado podrá hacer algo efectivo en este punto.

Pues, caballeros, estamos en 1900, sobre el mismísimo cambio de siglo, y la situación, respecto a lo que hemos venido señalando, es de *emergencia*. Pues ¿qué otra cosa sugiere el compenetrado informe de don Daniel Barros Grez, sino que estamos al borde de perder nuestra batalla contra el bajo fondo popular? ¡Medio siglo de esfuerzo policial, medio siglo de campañas moralizadoras, medio siglo de afanes educacionales y, sin embargo, todo está como al principio, y quizás peor! Caballeros, por favor, leedlo por vosotros mismos, y meditad:

Hai muchas de estas calles que suelen presentar el aspecto de un inmenso patio de colejio en horas de recreo. ¡I qué colejiales, por Dios! Chiquillos harapientos i sucios salen de sus madrigueras a respirar el aire de la calle; i corren, triscan i gritan hasta ensordecer, levantando nubes de polvo e incomodando a los transeúntes... El policial de turno afirmado en una esquina, suele mirar con entera impasibilidad todo esto... Sabe muy bien que los muchachos no pueden jugar en sus casas... saltan a la calle... i en contacto con tantas causas de perversión moral, tantos elementos de degradación aprenden los vicios correspondientes al lugar donde se han criado[61].

No está demás que nos preguntemos, al final de este análisis, qué harán esos «chiquillos harapientos» *cuando crezcan*. Cuando su algazara de hoy la transformen mañana –¿y alguien podrá impedirlo?– en manifestaciones políticas rebeldes, socialistas, anarquistas, revolucionarias. Cuando su insolencia de hoy se convierta en nuevos y nuevos «motines que pasan». Cuando derriben con su rabia todo el orden establecido. ¿Qué haremos entonces? ¿Disciplinarlos ya no con la escuela, la Iglesia y la policía, sino con el mismo Ejército de la Patria? ¿Masacrarlos? ¿O reconocer nuestra derrota aceptando *'su'* soberanía popular? ¿Qué haremos, caballeros? ¿Qué haremos?

La transfiguración del patio de juegos

Antes...

Al salir del rancho, como un gran abanico, se abría el patio de juegos, que se extendía hasta los pies de la cordillera, hasta sus cumbres, e incluso más allá. Sin límites. Desafiante. Repleto de posibilidades. Invitando a los ojos, los músculos y la imaginación a ejercer su capacidad de dominio. La totalidad de nuestro poder.

(En el fundo Velasquino donde yo sembraba chacras había buenos caminos, se daban muy bien las papas.

Esto era en San Vicente, de apellido Tagua Tagua nuestra casa daba frente al camino Las Pataguas.)[62]

Y allí, delante de nosotros, encima de todo, el cerro. Los faldeos, a todo lo ancho, y las lomas, a todo lo alto.

(En los primeros meses de invierno, cuando salen los pastos verdes en los cerros con las primeras lluvias, y los cerros se ponen refalosos con la humedad y el pasto verde, Carmelo, en compañía de otros chiquillos amigos, inventaron un nuevo deporte, que consistía en refalarse cerro abajo sentado en un palo. Carmelo

iba al cerro a cortar un palo a propósito, como de 50 centímetros de diámetro y de unos 60 de largo y que tuviera un gancho, que le sirbiera como cabeza de caballo para de ahí tomarlo con las dos manos y guiarlo cerro abajo... A este aparato raro él le daba el nombre de «caballo»... se lo hechava al hombro y se hiva cerro arriba en busca del punto que habían elegido para deslizarse. Este punto era una lomita de cerro que no tuviera piedras y estuviera parejita y vastante pendiente y con vastante pasto... Se sentava en su caballo, abría las piernas para que le sirvieran como alas para equilibrarse, y se lanzaba cerro abajo, como una exalación, en un trecho como de 50 metros. Con el uso que ellos le daban al pasto, este se ponía como jabón de refaloso. A esos refalones él los llamaba «canchas»).[63]

Y no había necesidad de jugar todo el tiempo en un mismo lugar. «Canchas» había por todas partes. Donde uno quisiera. Donde uno las hiciera. Nada impedía hacerlo.

(También tenía otra cancha en el mismo cerro, pero ésta era para el verano, y estaba ubicada en otro sitio que se llamaba Las Heritas. Se llamava así porque en el verano muchos chacareros zacaban sus chacras para trillarlas ahí, porque era un terreno muy duro y parejito. Junto a estas heritas se eleva un cerro pelado, sin árboles ni piedras. Carmelo y sus amigos escogieron una parte más liza del cerro para hacer una cancha para jugar a la chueca (un juego araucano). Este juego lo ejecutavan en la falda del cerro, y para esto hasian bolas de madera como de 20 centímetros de diámetro y se arreglavan un palo como de un metro de largo con una punta un poco arqueada. A este palo le daban el nombre de chueca, y con esta chueca le pegaban a la bola lo más fuerte que podían, lansándola cerro arriba, y para esto nombraban a un juez, que ponían allá arriba, el cual les indicaba el punto al que llegaba cada uno).[64]

Si los cerros y lomas daban pasto, libertad y espacio para hacer infinitas combinaciones de juegos, no daban para menos los canales de riego y los esteros que atravesaban de lado a lado el gran patio.

(Por el frente de nuestra casa, como a 50 metros, pasava un estero, que aumentava tanto su caudal de agua, que parecía un mar, daba miedo mirarlo. Arrazava con todo lo que encontrava a su paso, derribava barrancos de tierra, arrancava árboles y se los llevaba dándolos vueltas: ya asomaban los cogollos, ya las ramas, ya las raíces sobre el agua, y se ensanchaba tanto en invierno que llegava como a 10 metros de nuestra casa, que por suerte estaba edificada en terreno más alto. Por la horilla de este estero tan temible y feros, era el sitio que le gustava a mi hermano Carmelo para jugar y entretenerse en los días de lluvia. Se hiva a escondidas de mi madre... se ponía un sombrerito de lana que tenía, de la copa agusadita para arriba... Un día arreó una banda de patos que eran de mi madre, y los hiso meterse a las correntosas aguas y él gosaba viendo a los patos... suviendo y bajando. Otro día hiso meterse al agua a unos potrillos que encontró por ahí cerca y contava después que los potrillos llegavan a pelar los dientes batallando con la corriente que los tumbava, que casi se ahogaron, pero él gozaba con el espectáculo. Eso sí que se mojaba como sopa con la lluvia, pero eso no le importaba a él. Las chiquillas contavan que solo le veían la puntita del bonetito, que pasaba saltando cuando él pasaba corriendo de un lado a otro por el frente de la casa).[65]

Los caballos, siempre leales, ensanchaban el horizonte y alargaban los caminos hacia lugares todavía más lejanos. Al cabalgar, resonaba el cascajo en la oscuridad, en el silencio de los cerros. Y así cabalgando, también se podía jugar.

(Nos mandaban a los dos a limpiar las chacras de malezas, y para esto hívamos de a caballo, en una yegua muy mansa. Carmelo le ponía un zaco suelto no más sobre el lomo de la yegua, y

ahí montábamos los dos. Él adelante para manejar las riendas y yo atrás, al anca... llevando un zaquito con la comida para todo el día:. cuatro panes amasados, un quezo, cuatro huevos cosidos, un papelito de ají machacado con zal para untar el quezo y los huevos, una bolsita de arina tostada rebuelta con miel de pera, que hacia mi madre... Pues bien, nosotros beniamos por hesos caminos tan zolos y culebreados, y como no nos veia nadie, Carmelo comenzaba a hacer figuras y pallasadas: se hacía el que venía como que ya no podía más de borracho y que a duras penas podía sujetarse sobre el caballo, se ladeaba para un lado y el otro, se abrazaba al pescuezo de la yegua para no caerse, a veces casi se caía y se enderazava otra vez... a veces me andaba traendo por las costillas de la yegua, como yo no tenía más firmeza que la cintura de él. Asta que en una de ladearse y enderesarse fuimos a dar al suelo).[66]

Y no solo se podía jugar a resbalarse cerro abajo, pegar con la chueca o cabalgar en ese gran patio. También se podía tocar música, y bailar. En plena naturaleza y en plena soledad.

(...y como ya habían sandillitas grandes que se las podían robar, nos mandaban a los dos a dormir al sandeal. Para esto hicimos una casuca de ramas de árboles y cañas de maís. Todas las noches, despés que comíamos, nos íbamos para la ruca, bien cargados con mantas, frasadas, una almoada y una basenica para hacer pichí y no tener que levantarse y salir afuera en la noche... En ese tiempo a mí no me hacía falta la música de voca, y cuando íbamos con nuestras cargas a cuestas por la parte más sola del potrero por un caminito angosto entre los matorrales y zarzamorales... entonces sacava yo mi música y le hacía una pasadita por los labios, haciéndola sonar. Pero a él parece que le hubiesen tocado con una corriente eléctrica, porque instantáneamente lanzava lejos todas las cosas ... y zacaba el pañuelito

y lo ponía en alto, esperando que yo le tocara una cueca para bailarla. Las cosas que él lanzava caían por encima de las yerbas y zarzamoras y la vasenica llegaba a dar bote en el suelo, y como a mí me daba tanta riza... no podía tocarle, entonces él me gritava con aspereza «¡toca pues hombre!»... yo, para poder tocarle la cueca tenía que bolverme para otro lado y no mirarlo porque me daba tanta riza al verlo como se descuartizaba bailando con tanta fuerza que parece que no tenía huesos en el cuerpo... a él le gustaba bailar en el pasto como en un alfombrado, y no teníamos más espectadoros que los matorrales. A veces se ponía a cantar un canto que solo cantava cuando estávamos los dos no más. Yo todavía me acuerdo de dos estrofas, y que son las qué van a continuación: Estoy muy acongojado/ de un peo que me largué/ porque al momento quedé/ corrido y avergonzado,/ Con las damas a mi lado/ cómo me iría a aflojar/ todos soltaron la risa/ y yo me quedé muy formal)[67].

El cerro, el viento, el estero, el árbol, los patos, los potrillos, la yegua, los gritos, la noche, la música, el baile, los matorrales. Una geografía completa para llenarla de vida propia e imaginación sin límites, para aprender a sentir la sangre, el poder, la energía del instinto profundo. Juegos para domesticar cerros, potrillos, chacras, sandiales. Juegos de poder productivo. Identidad que se desarrolla, solidaria, en camaradería, alegre, asociando la humanidad creadora.

Después...

Tuvimos que venirnos de esa casa. No había trabajo bueno. No se ganaba mucho dinero. Teníamos hambre. Nos vinimos y arrendamos un «piso» en el fundo suburbano de un señor de gran apellido, y allí construimos un rancho. Y nos metimos todos allí dentro. No había más sitio donde estar. Y éramos muchos los que nos vinimos de ese modo y nos encuevamos de ese modo. Muchos. Demasiados. Por eso, comenzamos a sentirnos invadidos, apretujados, asfixiados, casi sin poder respirar.

«La mayor parte de los sitios grandes pertenecen a jentes acomodadas que arriendan pisos a locatarios que edifican ranchos tanto en el interior como en el exterior; pero que dejan un espacio entre ellos para facilitar el acceso a los otros. De esta manera, suelen formarse especies de conventillos o callejuelas angostas... que no guardan orden ni concierto»[68]. «Son estos laberintos, sin dirección ni salida, refugio de los vagos y malhechores, que desafían desde semejantes guaridas, los esfuerzos y vigilancia de la policía»[69]. «Ineficaces son los esfuerzos de la autoridad para reprimir los desórdenes y evitar los crímenes que se cometen en las rancherías de la capital, pues el desarreglo en que se hallan colocados y la forma especial de su construcción... las hace inexpugnables a la policía, y el delincuente que llega a entrar en cualquier rancho tiene segura su evasión, ya por las cortadas y tortuosas callejuelas que forman, como porque cada uno tiene comunicación con el inmediato por medio de gateras, circunstancia que hace imposible acertar la dirección que el criminal había tomado en su fuga»[70].

Vivíamos agazapados en callejuelas, gateras y laberintos. Era como estar todo el tiempo reptando en madrigueras. Se podía jugar, sí, pero en agujeros estrechos, a ser ratón. A ser una pandilla de ratones de alcantarilla. Lo que era fácil. Pero no era fácil jugar sin ser molestado. Las madrigueras estaban siempre llenas de gente: individuos que escapaban heridos, atropellándolo todo. Otros se quedaban atravesados en el túnel, inertes, borrachos, estorbando el tráfico. Vivíamos sofocados en el rancho y atropellados en los agujeros. No recuerdo dónde estaban papá y mamá. Rara vez los ví circular en las angosturas de nuestros caminos. Pero no importaba mucho si, de algún modo, podíamos todavía jugar. Pero después, cuando se nos vino encima la invasión de las aguas, ya no se pudo...

«La superabundancia de canales particulares de regadío que cada propietario saca de los ríos en virtud de antiguas y nuevas mercedes... multiplicadas inútilmente las acequias... se multiplican las sanjas y puentes... en un terreno comparativamente reducido como es el del Departamento de Santiago... los males gravísimos que se sufren por las filtraciones o aniegos. ...Aun ai más: las nuevas lagunas o pantanos de aguas detenidas que cercan a esta Capital, descomponiéndose continuamente, inficionan la atmósfera y producen epidemias desoladoras, mientras que sus habitantes, sitiados por ellas, por las mismas filtraciones que han llegado a los suburbios de la ciudad...tendrán que ir abandonando la población a medida que se desenvuelvan y crescan estas calamidades... reduciendo a una parte comparativamente pequeña los terrenos cultivables... abuso de los riegos, sin los correspondientes desagües... se aumentan por todas partes las aguas detenidas»[71].

Fuimos descubriendo que el piso de nuestros ranchos estaba más bajo que el nivel del agua de las acequias. Había rebalses continuos y nos anegábamos todos. La humedad y los olores pestilentes se nos pegaban a la vida como una segunda piel. En el mismo centro de nuestro cuarto, el número 28, tuvimos que cavar un desagüe extra, porque la acequia que lo atravesaba subió en exceso su nivel y vivíamos inundados. Cuando el agua sucia nos invadió, ya no pudimos jugar más. Nuestros juegos comenzaron a ahogarse, poco a poco, como ratones enfermos.

«En un conventillo de la señora doña Rosaria Cerda hai también algunos ranchos que deben desaparecer. El corral o patio es un chiquero, lleno de hoyos y éstos de agua. La acequia que lo atraviesa se encuentra a mucha altura respecto al nivel del piso de aquellos. Debe bajarse como 50 centímetros... No hai otro recurso que tocar respecto de estos ranchos que el de terraplenarlos con sus propios escombros, i esto sería aun poca cosa para dejar su pavimento al nivel de las calles nombradas (Olivos y Juárez). Conventillo de don Francisco Orella, calle de Dávila: ranchos en hoyo i aguas detenidas. En el conventillo del señor Clark debe bajarse la acequia, terraplenar la calle i cerrar el cuarto número 28, atravesado por aquella»[72]. «El conventillo de la calle Santo Domingo número 183, de propiedad de don José Bruno González, se encuentra con todas sus habitaciones completamente inundadas... A pesar de esto, hai personas que se resignan a habitarlo, colocando en los cuartos una capa de aserrín de solo dos pulgadas»[73].

«Visité los barrios del sur, desde el canal de San Miguel hasta el zanjón de la Aguada i desde la calle de Castro a la de San Francisco... siempre más bajo hasta un metro al nivel de las calles adyacentes, lo que hace que la humedad salte a la vista; sin ninguna vegetación en sus inmediaciones i pésimamente mal ventiladas; sin acequia de agua corriente ni locales adecuados en donde puedan depositar sus basuras e inmundicias, i rodeados por esto mismo de charcos i pantanos de aguas inmundas i corrompidas que llenan el aire de emanaciones pútridas deletéreas... tales son las rancherías que forman los suburbios al sur de Santiago»[74]. «Resultando del Informe anterior que... los barrios del sur (son) verdaderos potreros en que está sembrada la muerte»[75].

¡No se podía jugar!... Estaba todo húmedo, empapado, hediondo. No había vegetación. Vivíamos asfixiados por aires venenosos... ¡No se podía jugar!... Comenzamos a enfermarnos. Mis hermanos menores no pudieron resistir, y se murieron. Estábamos angustiados. Queríamos gritar, llamar a alguien para que nos sacara de allí. Nos reventábamos por dentro y nos ahogábamos por fuera. ¡Y no se podía jugar!

«Asinada en cada una de aquellas cuevas vivía una familia entera, por lo jeneral bastante numerosa, los vicios del padre constituyeron la primera escuela de los hijos, quienes, amamantándose desde que nacen con la corrupción i el escándalo, llega a ser su alimento, su modo de ser ordinario. Allí no existen, no pueden existir ni el pudor ni la decencia»[76].

Nos convencimos unos a otros de que el mundo se reducía a nuestros cuartos y laberintos encharcados. Un mundo que nos enfermaba y nos trastornaba. Sentíamos que nos atravesaba la metamorfosis. Tal vez nos estábamos convirtiendo en ratas. O en gusanos. O tal vez ya lo éramos. Una embriaguez mortífera nos embotaba los sentidos. A veces nos encontrábamos mirando el vacío, como en éxtasis. ¿Por qué no vienen a observarnos? ¿Qué sucede? ¿Qué nos está sucediendo?

«Separándose un poco de ciertos centros de la ciudad, habrá dado con calles llenas de lodo... habrá tropezado con montones de basura i habrá hundido sus pies en colchones de tierra, que a veces suele formar nubes de polvo con los juegos de los harapientos muchachos i de los innumerables perros del vecindario... El pañuelo en las narices es cosa precisa para acercarse a ciertos lugares. Allí son amagados al mismo tiempo los cinco sentidos del pobre transeúnte... por las variadas escenas indecentes e inmorales que se nos presentan al pasar... se ve, en un confuso desorden, el bracero en que se hace la comida... estacas clavadas de las que cuelgan ropas, sombreros, canastos, etc. i en un rincón se ven amontonados choclos, papas, repollos, etc. produciendo un olor a putrefacción... ¿Cómo no han de salir los muchachos a saltar a la calle, que es el verdadero patio de tales habitaciones? Solo quedan los más pequeños; i no es estraño verlos medio desnudos i tendidos sobre el húmedo pavimento»[77].

¿Viniste? ¿Me puedes ver? Mírame entonces, de una vez. Soy un niño huacho, abandonado, y soy de los más pequeños. Estoy medio desnudo y tendido sobre el húmedo pavimento. ¿Me ves? ¿Me puedes ver? Si me ves ¿qué sientes por mí? ¿Qué esperas de mí? ¿Me temes?

Los números
de la vida
y de la muerte

DURANTE EL SIGLO XIX, la situación de los niños indigentes configuró, en Chile, un problema objetivo. Los siguientes indicadores, de orden cuantitativo, describen el perfil general de ese problema:

1. Proporción de la población infantil (de uno a quince años) en relación a la población total, nacional y/o provincial. Chile, siglo XIX

Durante las primeras décadas de este siglo no se realizaron censos propiamente nacionales, sino solo parciales. Los datos existentes, que son fragmentarios, indican que la población infantil era numerosa. Por ejemplo, en la provincia de Maule –que contenía un alto porcentaje de individuos clasificados en el estrato indigente– se registró en 1827 un total de 46.885 menores de quince años, sobre un universo de 104.129 individuos registrados, lo que da una proporción (alta) de 45,0%. Si a ese total se agrega el tramo que va 15 a 25 años, el porcentaje ocupado por la población joven aumenta a 60,4% del total[78]. Dos décadas más tarde, en 1845, la población de 1 a 15 años había aumentado a 46,6%[79]. Puede concluirse que, durante la primera mitad del siglo XIX, la población de Chile era mayoritariamente infantil y juvenil. Con todo, en el Censo Nacional de 1885, por razones que es necesario investigar, esa población había *reducido* su peso específico en algo más de cuatro puntos (42,9%)[80]. En el mismo año de 1885 el porcentaje nacional de población infantil inferior a 15 años era similar al registrado en la provincia de Maule: 42,4%, siendo el de Santiago significativamente inferior, pues marcó solo 36,5%[81].

En 1907, por razones que también deben ser investigadas, el porcentaje nacional de la población infantil había bajado aun más, llegando a 37,5%, habiendo decrecido aun más el de Santiago[82]. Este registro está 9 puntos por debajo del anotado en 1845.

Debe destacarse en especial el hecho de que, para el período señalado, la disminución relativa de la población infantil en la ciudad de Santiago ha sido un fenómeno sensiblemente más agudo.

2. Porcentaje nacional de niños ilegítimos con respecto al total de niños nacidos en un año. Chile, siglo XIX. Algunas tendencias generales.

Durante el siglo XIX, la proporción de niños ilegítimos registrada en el país, con respecto al total anual de los nacidos, fue significativamente alta, tendiendo a incrementarse en el transcurso del siglo. Véase el Cuadro 1.

Cuadro 1:

Legitimidad de los nacidos, 1848-1916 (en porcentajes por decenio)[83]

Años	Número de ilegítimos	Proporción (por mil)
1848	9.994	216
1858	14.360	225
1868	20.587	267
1878	17.385	226
1888	22.660	276
1898	33.872	332
1908	47.647	360
1916	54.987	381

Como lo muestra el Cuadro N° 1, la proporción de niños ilegítimos nacidos en Chile entre 1848 y 1916 aumentó desde un quinto del total (20%) a más de un tercio (38%). El cálculo está basado en cifras nacionales, oficiales y documentadas. Otros informes sugieren que, en ciertas ciudades, esa proporción pudo haber sido superior. En la ciudad de Santiago, por ejemplo, fluctuó normalmente por encima del nivel nacional: entre un mínimo de 460 por mil (46,0%) y un máximo de 541 por mil (54,1%), entre 1903 y 1910[84]. A modo de hipótesis, cabe estimar que, en los barrios marginales de la capital, la proporción de niños ilegítimos debió oscilar entre 750 y 800 por mil (entre 75% y 80%). En consecuencia, hacia 1900, puede estimarse que, en los distritos donde abundan las habitaciones denominadas «conventillos», casi los dos tercios de los nacidos (66,0%, aproximadamente) constituían casos de niños nacidos en condición de soledad e ilegitimidad («huachos»).

3. Mortalidad infantil en Chile durante el siglo XIX, dentro y fuera de los recintos de protección a la infancia.

Durante el siglo XIX, la tasa de mortalidad infantil registrada en Chile se mantuvo en tasas significativamente altas, tendiendo a incrementarse a fines de siglo. Diversos datos fragmentarios indican que, en las primeras décadas de ese siglo, la mortalidad infantil (considerando los niños de 1 a 7 años) fluctuó entre 50% y 60% del número total de individuos muertos al año, siendo ese porcentaje superior en las ciudades de Santiago y Valparaíso[85]. A fines de siglo, la mortalidad infantil (considerando ahora solo el número de niños muertos en el primer año de vida, en relación al total de nacidos) tuvo un fuerte incremento a nivel nacional, llegando a ser, según diversos expertos, la más alta del mundo. Véase el Cuadro 2.

Cuadro 2:

Mortalidad infantil en Chile. 1898-1910[86]

Años	Nacimientos	Niños Muertos	Tanto por mil
1898	10.221	3.817	374
1900	12.116	6.087	502
1902	10.816	3.492	323
1905	12.193	4.426	363
1907	11.240	4.935	439
1910	11.977	4.609	384

Los datos del Cuadro N° 2 muestran que, hacia 1900, la *mitad* de los niños que nacían en el país fallecían antes de cumplir el año de vida. Aunque altas en extremo, esas tasas habían sido ya duplicadas con anterioridad en el interior de las Casas de Huérfanos, donde, entre 1837 y 1839, la mortalidad infantil fluctuaba entre 470 y 610 por mil anual[87]. Cincuenta años más tarde (hacia 1880) la mortalidad infantil en esas Casas se había incrementado a niveles superiores a *800 por mil anual* (véase Cuadro 3). Solo después de 1900 se registró un leve descenso.

Cuadro 3:

Casa de Huérfanos: mortalidad por cohorte de expósitos. 1876-1925[88]

Períodos	Tasa de Mortalidad
1876-1885	813 (por mil)
1886-1895	802
1896-1905	760
1906-1915	735
1916-1925	736

De estos datos podría derivarse tal vez una conclusión algo dramática: durante ese período, las madres que llevaban a sus hijos a las Casas de Huérfanos con la esperanza de salvarles su vida y sacarlos de la pobreza, estaban equivocadas entre 70% y 80%.

4. Conclusión general

Del breve análisis cuantitativo expuesto más arriba puede concluirse que en Chile, durante el siglo XIX, el problema de los niños pobres y desamparados tuvo en general, de un lado, un carácter *masivo*, y de otro, que a lo largo del mismo siglo, mientras disminuyó de modo significativo su masa demográfica, aumentó de modo dramático la *crisis* de su existencia.

ATRO
OR MADERAS

De la crónica roja: el vino, la sangre, el fuego, la dinamita, la muerte

Durante el siglo XIX, en Chile, los niños indigentes vivieron envueltos en incesantes oleajes de violencia. Violencia de todo tipo. A toda hora. De día, de noche. Violencia estúpida. Violencia asesina. Violencia ambiental.

El Vino

El domingo en la tarde, una mujer, en completo estado de ebriedad, fue descubierta escondida en la cochera de una residencia particular en la Calle de las Monjitas. Al serle demandado que ella abandonara ese lugar, se puso furiosa, y fue necesario llamar a un policía. Al llegar a la residencia, el guardián del orden trató de forzar a la ebria mujer a abandonar el lugar, pero pronto descubrió que ella era demasiado fuerte para él y, con su casaca rota y el rostro arañado, tuvo que retirarse del campo de batalla. Fue necesario llamar refuerzos, y después de una verdadera turbamulta, la belicosa mujer fue llevada a la comisaría. Tras un corto momento en que permaneció encerrada, ella quebró la puerta de la celda, lo que obligó a la guardia, para impedir que la mujer siguiera haciendo nuevos estropicios, a atarla de pies y manos. Y en ese estado permaneció, hasta que su furia amainó[89].

La Sangre

Coquimbo. De acuerdo al Atalaya, un trágico ejemplo de las consecuencias de una severidad paterna irracional ha ocurrido en un lugar llamado Quillota, en la familia de un campesino pobre. Un muchacho de catorce años, cuyo deber era pastorear un pequeño rebaño de cabras, tuvo la desgracia de perder un cabrito, razón por la cual fue inmisericordemente golpeado, como castigo, por su padre... Hace dos días, la cabra madre del cabrito desapareció también. Temeroso de provocar de nuevo la furia de su padre, el desgraciado niño se suicidó colgándose de la rama de un árbol[90].

El Fuego

Un hombre llamado Anjel Loyola ha sido arrestado bajo acusación de haber quemado el rancho donde vivían su padre y su madre en Pencahue, habiendo previamente cerrado la puerta por fuera para impedir que escaparan. El desnaturalizado hijo permanecía afuera, escuchando impasiblemente los gritos de sus desgraciados padres, que estaban quemándose vivos, cuando un vecino corrió a abrir la puerta. Pero Loyola, no bien lo vio, trató, cuchilla en mano, de impedírselo, pero se demoró en su movimiento y sus padres escaparon fuera no bien vieron la puerta entreabierta. Entonces él trató de acuchillar a su madre, lo que habría conseguido si ella no se hubiera escudado con su brazo, el que recibió una profunda herida. Los vecinos trataron de amarrar a Loyola, pero éste escapó corriendo, aprovechando la oscuridad de la noche. Al día siguiente fue tomado prisionero[91].

La Dinamita

El trabajador Gregorio Ruiz… puso fin a sus días suicidándose con un cartucho de dinamita que se colocó en el pecho. Se cree que la causa que ha inducido al suicida a tomar tan tremenda determinación ha sido una larga enfermedad que le aquejaba. Parece que su esposa también se encontraba en cama. De las averiguaciones tomadas, se nos informa que la Casa le suspendió el viático que le daba, y también le negó el permiso para hacer una erogación para su enfermedad. Deja la esposa y dos hijos menores de edad y sin recursos. El suicida llevaba 14 años trabajando en la Casa. Oficina Ramírez. El Corresponsal[92].

La Muerte

Nuestro corresponsal en Chañaral nos reporta que, según le han asegurado personas que hace poco llegaron de Taltal, este puerto vive una situación que no es de las más atractivas para los afuerinos que llegan a buscar trabajo. Diariamente caminan a ese puerto personas que, a pie, vienen de Chañaral o Antofagasta, medio muertas de hambre, sed y fatiga. La fundición del señor Barazarte está paralizada... El dinero en circulación está compuesto principalmente de fichas de guttapercha, de la casa de Barazarte... los salarios son de un peso diario, sin ración... Numerosos cadáveres han sido y siguen siendo encontrados en los alrededores, como también en las huellas y senderos que unen Chañaral, Taltal y Antofogasta, de personas que han perecido de hambre y sed mientras caminaban al nuevo puerto[93].

Cuando no hay futuro y los caminos se cierran...

Cuando el horizonte se bloquea y los bienes se vuelven escasos...

Cuando las fábricas niegan el trabajo y el desierto se congela de noche y el amor se aleja para siempre...

Entonces no hay sociedad. Ni civilización. Ni Dios, ni Ley. Entonces solo quedan el vino, la sangre, el fuego, la dinamita, la muerte.

Y los niños pobres, rodeados de todo eso.

ESCUELA
DE
PROLETARIOS
Nº 1

De los
niños huachos
y del historiador

Los niños no eligen gobernantes. No son, tampoco, gobernantes. No organizan Estados. No declaran guerras. No se matan entre sí ni destierran a sus semejantes. No despliegan políticas económicas ni acumulan capital. No contratan sirvientes. No masacran a los pueblos. No difunden utopías.

Los niños no son agentes activos en la historia adulta. O sea, en la gran historia de la Patria. Menos aún los niños de la calle, los niños indigentes, los huachos. Si queremos mirarlos con la mirada histórica calibrada y entrenada en los sucesos adultos, *no los veremos*. Estarán al margen de ella. Carecen de historicidad, en el sentido nacional, político, estatal y adulto de ese término.

¿Es que, entonces, no tienen historia?

Los documentos que han servido de base para construir este trabajo *no* fueron reunidos para hacer la historia de los niños pobres de este país, sino para *otros* objetivos, atingentes, por supuesto, a la historia adulta. Pero todos esos documentos traían, en sus bordes, en su dorso, entre líneas, en la atmósfera que exhalaban, una aureola histórica silenciosa, enigmática, inexplorada, pero expresiva.

Como un silencio que necesitaba hablar. Como páginas ocultas en otro lenguaje. En otras claves de sentido. Como una profundidad histórica que murmuraba ecos desde más allá de los bulliciosos acontecimientos en que se debatían los adultos. Como otro tejido más fino de la sensibilidad humana. Poco a poco se fue haciendo evidente que, desde esa profundidad lejana, hablaban niños pobres, que atravesaban con débiles voces toda la espesa cortina de los 'grandes' hechos y procesos que estudiábamos. Como desde *otra dimensión* de la historicidad.

¿Qué dimensión era ésa?

Aun terminado este trabajo y respirado en lo hondo la atmósfera de esa aureola, no nos es posible definirla. Acaso es el *padecimiento* de la historia, el impacto 'hacia abajo', fino, microscópico pero trascendental de la sucesión grandilocuente de hechos adultos; la penetración de los acontecimientos al interior de la sensibilidad humana en su estado más puro y germinal; las resonancias infinitas que el atronador acontecer de los hechos públicos despierta en las mil cuerdas de una conciencia intacta. Como si la historicidad infantil no se resolviese en el encadenamiento longitudinal de los acontecimientos, sino en la profundidad vertical e intemporal de la sensibilidad en su grado máximo.

Si *eso* era aquella 'otra dimensión' ¿cómo llegar hasta allí? ¿Qué niño deja testimonio escrito o material de esa profundidad? ¿Qué adulto puede captar y descifrar por completo la eternidad de un niño? ¿Cómo atrapar documentalmente sus ecos, guiños y señales? Podría resolverse el problema –como de hecho se hizo en este estudio– organizando los hechos adultos *en torno* al niño indigente para reproducir, por 'complicidad solidaria', los hechos e impactos que la historia adulta disparó sin cesar, a todo lo largo del siglo XIX chileno, dentro de esa sensibilidad, en la idea de acomodar la historia adulta para medir sus repercusiones en la infancia desvalida.

Con todo, la sensibilidad infantil, ¿es pura sensibilidad *pasiva*? ¿Pura resonancia adulta, multiplicada al infinito por la germinalidad de su mente? Todo indica que la sensibilidad infantil no es solo pasividad. En la profundidad de esos ecos ocurren –y sin duda ocurrieron– muchas cosas. Pequeños cambios. Progresivas reacciones. Lentas transformaciones. El historiador, ante esos 'procesos', no tiene más camino que estar atento a lo que de eso *aflora* al mundo convencional, lo que de ellos llega a la historia pública de la policía, los educadores, los jueces, los gobernantes; la huella que ellos –los niños– dejan en la ciudad que los ve 'aparecer' como si fueran una inundación peligrosa. Con esas huellas podría construirse, sin duda, una historia específica de las *conductas infantiles*, en sus juegos, en sus algazaras, en su revolotear y su eclipse a través del tiempo. Si se considera esta 'posibilidad', podría examinarse el problema con objetividad científica, como si los niños fueran adultos, como si fueran actores públicos, imputables e imputados por lo que hacen y lo que no hacen; abstraídos, por tanto, en cifras estadísticas; conceptualizados, por consiguiente, en informes oficiales; tipificados al final en categorías adultas, como 'trabajo', 'delito', 'moralidad', 'respeto', etc. O sea, *como si* fueran adultos.

Con todo, ¿es ése el punto? ¿Hemos cogido con eso lo específico de la historicidad infantil, y en especial la de los niños huachos del siglo XIX?

Lo cierto es que todos los indicios encontrados muestran que la sensibilidad de esos niños se movió, como por una ley natural de gravedad, a *construir por sí misma la identidad* que ni sus padres ni la sociedad les prodigaban. Se movían instintivamente para desenvolver a pulso la humanidad que ellos, pese a todo, sentían dentro de sí. Lo que hacían resistiendo y pasando por encima y más allá de la andanada de hechos y procesos que la historia adulta descargaba sin piedad sobre todos ellos. Alimentando ese germen de humanidad

–que era también de dignidad– por medio de transformar, precisamente, esos mismos 'materiales'. Es por esto que ese empeño infantil no se desplegó nunca demasiado lejos del proceso histórico adulto. En verdad, el quehacer de los huachos no hizo más que reflejar, en reverso, la historia adulta del país, pero no de un modo puramente simétrico y pasivo, sino en calidad y potencialidad de *sujeto*. Es decir: con un sesgo de autonomía que brotaba precisamente de una sensibilidad tensada todos los días al máximo. Hay en ese sesgo, sin duda, un ingrediente básico, una fuerza historicista fundamental, de *rebeldía*. Acaso es aquí, en este nivel de profundidad histórica, donde es preciso buscar y hallar el origen esencial de las insolencias y desacatos, pero también de la altanería identitaria contumaz que fueron características notorias del movimiento social de los «rotos» chilenos del siglo XIX.

Para intentar hacer historia en esta profundidad y en ese origen esencial de la humanidad no es necesario ser 'absolutamente' científico, historiador todo el día, académico con mayúscula. Más bien se requiere posesionarse plenamente, integralmente, de la piel humana. Hacer historia de niños es, sobre todo, una cuestión de piel, de solidaridad, de convivencia, de ser uno mismo, más que de métodos y teorías. Se trata de 'sentir' la humanidad propia y convivir el 'sentir' de esos niños. Por esto, en definitiva, es una cuestión exclusiva entre los *huachos y yo*.

La Reina, junio de 1989

CRISIS, MALESTAR PRIVADO Y EL MENSAJE DE LOS CABROS CHICOS

(El caso de las poblaciones populares del sur y poniente de Rancagua hacia el 2000)[94]

I.
La subjetivación de la crisis

DURANTE LA DEMOCRACIA POPULISTA (1938-1973) la situación de 'crisis' se caracterizó por los siguientes rasgos: a) siendo en el fondo una crisis económica de subdesarrollo, se manifestó en el espacio público como una intensa movilización social de masas trabajadoras; b) por lo anterior, la crisis tuvo una traducción casi simultánea al ámbito político, donde se configuró como un conflicto antagónico entre fuerzas de izquierda contra fuerzas de centro-derecha por el control del Estado nacional; y c) se identificó teóricamente como una crisis estructural de los sistemas públicos y no como crisis de los sujetos y las relaciones privadas. La crisis de esos años estalló, pues, fuera de nosotros, y la necesidad de cambio nos interpeló y nos desafió desde lo externo, desde arriba y desde el horizonte.

Durante la democracia neoliberal (desde 1990 y sigue) la crisis se ha configurado de otro modo: a) no se expresa en parámetros estructurales de la economía ni en movilizaciones de masas en la calle, sino en los indicadores subjetivos del desarrollo humano, como «malestar privado» (la expresión es del PNUD); b) por lo anterior, los efectos críticos y nocivos del modelo neoliberal no tienen traducción simultánea en el ámbito político, sino en el ámbito psicológico, social y delictivo; y c) la crisis neoliberal, por tanto, tiende a configurarse como una implosión subjetiva y doméstica, que confronta cada individuo y cada grupo familiar, en una tensión privatizada, con el imperio del Mercado Mundial.

Lo anterior permite pensar que la operación estratégica más exitosa de la 'revolución neoliberal' ha consistido en haber logrado camuflar sus propias contradicciones y su propia crisis, sacándolas de las 'estructuras' y escondiéndolas, como invisibles bombas de tiempo, dentro de cada 'familia proletaria' y dentro de cada 'sujeto' adulto en edad de trabajar, lo cual equivale a instalarlas en la mente de los niños marginales.

II.
La privatización de la crisis
(Rancagua)

DESDE 1950, aproximadamente, la ciudad de Rancagua comenzó a extenderse hacia el sur y el poniente, debido, por un lado, a la crisis de las grandes haciendas (que obligó a los propietarios a vender sus tierras por pequeños lotes) y, por otro, al relativo bienestar salarial de los obreros de El Teniente y de otras fábricas, que les permitió comprar los lotes en venta y construir en ellos su casas, villas y poblaciones. Pero, al mismo tiempo, la espiral inflacionaria precios-salarios existente por entonces golpeó a otros sectores de trabajadores, quienes, no pudiendo comprar las tierras que se loteaban ni arrendar casa en la planta urbana, se instalaron en el sur de la ciudad y en el borde del río, donde se transformaron en pobladores, areneros y en transportistas de «áridos».

Tanto los trabajadores que compraron sitios como los areneros del borde del río concuerdan en que, en aquel tiempo, la situación no era tan crítica y que «había más plata». Fue por eso mismo que pudieron convertirse en eficientes 'fundadores' de ciudad en el lado poniente y sur. Y todos recuerdan que en ese tiempo pudieron vivir con sus hijos relajadamente, de frente a los cerros, entrelazados con viejos bosques, junto a grandes manzanares silvestres, cerca de la feria de animales y, sobre todo, junto a un río tranquilo y generoso. Por eso solían ir con frecuencia, con toda la familia, a las «quintas de recreo», y organizaban todos los años fiestas de la primavera, pues todos se sentían formando parte de una «gran familia». Fue el período que se extendió entre 1945 y 1965.

Todo cambió después de 1973: los bosques fueron talados, los cerros rodeados de alambradas y, en paralelo al río, bloqueando su acceso, se construyó la peligrosa «carretera del ácido», que baja raudamente desde El Teniente hacia la costa. Al mismo tiempo, las casas de los «fundadores» se fueron atiborrando de allegados, se desmembraron los sindicatos, bajó el poder adquisitivo de los salarios, se terminaron los contratos indefinidos y se inició la dictadura implacable del trabajo temporero en la recolección de frutas, en los *packings* y frigoríficos. Había –hay– menos plata. La «gran familia» se disgregó. Los niños ya no pudieron jugar libremente en el cerro, en el bosque, en los manzanares, y resultó peligroso ir al río, debido a la carretera del ácido. Y como los padres («temporeros») comenzaron a llegar tarde a casa, tuvieron que apilarse en las esquinas, en la noche, en las calles de acceso a la población... Y desaparecieron las fiestas de la primavera y el paseo familiar a las «quintas de recreo».

Como la población del sur y poniente de la ciudad se multiplicó, se establecieron algunos colegios para atender a los niños del sector. Los pobladores del sur –especialmente de la Población Dintrans, a orillas del río– se movieron para fundar y luego agrandar el Colegio Blest Gana. Para los pobladores del sector poniente (sobre todo para las poblaciones Lourdes y San Francisco) se levantó el colegio Jean Piaget. Es a estos colegios donde han concurrido y siguen concurriendo los niños afectados por la encubierta crisis neoliberal. Cada uno de ellos lleva y trae, cada día (y cada noche), la subjetivada 'bomba de tiempo' que el nuevo régimen ha instalado al interior de cada uno de ellos y de sus familias.

En esos colegios, las profesoras solidarizan con la forma en que esos niños han reaccionado ante la bomba que llevan por dentro.

III.
La subjetivación de la crisis
en los niños de Rancagua

En las calles se ven grupos de niños; también
en la placita, aquí. Es que no hallan qué hacer.
En este tiempo están en la fruta trabajando y
no se ven, pero les dura unos meses no más.
Después quedan sin hacer nada. O van a sacar
arena al río... ¿Para qué voy a estudiar –dicen–
si, total, puedo ir a limpiar autos al centro y así
ganarme unos pesos?

María Cristina, profesora de Octavo Básico,
Colegio Blest Gana

*Tenemos un 4% de alumnos con una situación 'normal', y un 18%
con una situación aceptable –nos dice María Teresa, directora
del Colegio Jean Piaget–, pero tenemos un 40% que vive en la
extrema pobreza, un 17% que vive en mala situación y un 21%
en una condición regular-mala. Si tú sumas 40, más 21 y más
17, son 78% los alumnos que viven en mala situación... Además,
el 27% de los niños vive con solo uno de los padres, otro 7% con
otros familiares, otro 7% que vive en el Hogar de Menores (son
'niños institucionales') y 1% que vive con personas ajenas. Así
que la mitad de ellos no tiene el núcleo familiar completo, y tienen graves problemas... En cuanto a la profesión de sus padres,
solo 9% son obreros, 12% son temporeros, 16% son asesoras del
hogar, 11% son comerciantes ambulantes y 4% cesantes absolu-
tos.. O sea: el 78% de los padres son trabajadores precaristas. La
situación ha ido empeorando de año a año, en vez de mejorar...
El niño se enfrenta cada vez a más problemas...*

Según los datos de María Teresa, parece existir una directa relación entre el empleo precario de los padres, la pobreza en que viven y el alto índice de quiebre del núcleo familiar. Como si el modelo neoliberal apuntara sus impactos, directamente, a destruir las posibilidades de futuro de los niños de pueblo. Los padres se enfrascan en una lucha de vida o muerte con el mercado, y no lográndolo, entran en conflicto, se separan, o inician un escape hacia la droga y el alcohol.

Yo veo –agrega María Teresa– que por resolver la cosa económica trabaja el papá, trabaja la mamá, y estos niños quedan a veces absolutamente solos, en cualquiera de las jornadas escolares. Son los que uno ve en la calle, porque no hay nadie que los cuide. O los dejan a cargo de la vecina o de alguien que los vea. Hay muchos niños que se crían solos. Y hay niñitas de 9 años que están a cargo de la casa y de dos, tres o más hermanos. Y, claro, como la mamá llega tarde y cansada, no vigila el aseo, no vigila las tareas, no vigila nada...

Los papás se pusieron buenos para el trago –interviene don Ignacio, ex auxiliar del Colegio Blest Gana– y un poco alcohólicos, y los niños veían mucha agresividad. Veían que el papá le pegaba a la mamá o se ponían a pelear con los vecinos. Eso se daba mucho. Los niños contaban en el colegio: 'mi papá llegó anoche curao y le pegó a mi mamá y mi mamá salió arrancando, se metió donde'l vecino y mi papá se peleó con el vecino'. Se veía mucho eso, sobre todo en los fines de semana. Por eso el niño llega agresivo, con agresividad verbal y a veces a puntapiés y cosas por el estilo.

Los niños y las niñas son terriblemente agresivos –afirman a coro las profesoras Norma Carrasco y Amelia Donoso, del colegio Blest Gana–, tú les vas a tocar el hombro y les vas a hacer una muestra de afecto y ellos reaccionan agresivamente... Porque el papá se va. Que el papá no llega. Que no es el papá. O sea, son familias que no están bien formadas.

La mayoría de las familias son así... Y el papá o la mamá se fue a la vereda de enfrente o a la vuelta de la esquina a vivir con otra persona. Lo que al final del tiempo provoca que haya dos o tres niños en el colegio que son hermanos, con un progenitor común y diferentes apellidos.

Hay papás alcohólicos y mamás alcohólicas –agrega María Teresa–, y algunas mamás se juntan una y otra vez con otro señor. Esto se ve mucho por aquí. Y pueden tener hijos de distintos hombres... Los niños quedan con una carencia de afecto terrible. Los niños tienen inestabilidad emocional porque tienen inestabilidad familiar. Tienen problemas de disciplina. Quieren llamar la atención, y entre ellos son muy violentos.

La situación doméstica puede ser, por tanto, explosiva. Y puede estallar como violencia privada que, fácilmente, se transforma en violencia callejera y vecinal. O sea, pública. Y en ese plano, se convierte en delito. Y los padres, por eso mismo, pueden terminar en la cárcel. Pero esta cadena de hechos –que no es sino la transmisión hacia adentro de la crisis neoliberal– aparece en los periódicos y canales de TV como crónica roja, y termina siendo en los niños un dato normal de su vida corriente, un trasfondo estable de su conducta social.

Una vez al mes –recuerda el profesor Héctor Jara, primer director del Colegio Blest Gana– había un homicidio en la población. Entonces la escuela la ocupaban para velar a la persona que había muerto. Después venía la reconstrucción de la escena y todos los niños se me arrancaban a ver cómo esa persona había sido muerta el día anterior. Y varias veces los niños decían: 'si el que mató al otro es tío mío'. Como que sentían orgullo de que su tío hubiera muerto a otro.

Estos niños son niños que en sus casas se usa la correa, se usa el golpe, el irse a acostar sin comer y, por último: '¡si no te gusta te vai pa la calle!' –comentan las profesoras actuales del Blest Gana–, y hay mucha gente aquí de esta población que ha tenido, por equis situación, que ingresar a la cárcel. Entonces los niños no tienen ningún empacho en decir: 'el domingo fui a ver a la cárcel a mi tío, o a mi papá'. Para ellos eso no es una situación que tengan que esconder.

La crisis neoliberal se origina en el 'mercado', pero se subjetiva en los padres. Estalla dentro de éstos, entre ellos, y sale luego hacia fuera, convertida en una autoagresión popular. Es el punto en que la bomba de tiempo comienza a subjetivarse dentro de los niños. Pues éstos, en ese círculo de ira, dejan de ser deseados, dejan de ser importantes o queridos: no se desea ni se quiere lo que no se puede mantener, educar ni desarrollar. Los niños se van convirtiendo en una 'sobrecarga' incómoda, molesta. Es el punto en que se les abandona o se les rechaza:

La mayoría de los niños –interviene la profesora Marcela Díaz, del Jean Piaget– se relaciona más con el televisor y con telecable que con los papás. Los papás pasan muchas horas fuera de la casa, y se pierde el vínculo. En Kinder no se nota tanto eso, porque el apoderado viene con toda la disposición a ayudar y cooperar, pero a medida que pasan los años, ya en quinto o sexto básicos, los apoderados se alejan de las reuniones, no se preocupan por el avance de los niños. Y nos hemos encontrado con niños que están en hogares de menores sin necesidad de que estén en hogares de menores. De repente hay mamás que mandan a sus hijos al Hogar de Menores porque dicen: 'no soy capaz de contenerlo, me tiene loca, es un niño terrible'. Y son niños que no debieran estar en un Hogar. Hay un gran porcentaje de niños que no han sido deseados, y por lo mismo, los padres se desentienden de ellos... Los niños de estos hogares de menores me dicen: '¡tía! ¿sabe que esta semana voy a mi casa?', y con los ojitos llenos de felicidad; mientras otros me dicen: 'mi papá está en el cárcel'...

Sin padres, o con padres alejados, lejanos, o indiferentes, los niños se encierran en sí mismos, se autobloquean y se niegan a relacionarse positivamente con el mundo exterior. ¿Para qué estudiar? ¿Para qué aprender... qué? Tienden a negar el mundo (adulto) exterior. Y no es que pierdan el sentido de la realidad, pues es ésta misma la que corta su contacto con esos niños en el único lado que tiene sentido y validez para éstos. Y ante 'ese' mundo que se aleja o que no se acerca, prefieren ignorarlo o agredirlo. Y hacen estallar su bomba subjetiva hacia fuera, hacia arriba, hacia todos.

Pasa que muchos padres son temporeros: salen a las cinco de la mañana de la casa, entonces significa que el niño está dos o tres horas solo antes de entrar a clase... He tenido casos de mamás solteras, niñas embarazadas de 13 o 14 años. Hemos tenido casos de prostitución infantil; alumnos con orden de arraigo: o sea, a la primera que hagan van presos al tiro... En este momento deben ser más de 80 los niños que necesitan atención diferencial. Y tenemos problemas de delincuencia. Es habitual que intenten abrir los autos; tres años atrás los profesores teníamos resguardo policial....

La implosión subjetiva de la crisis neoliberal es una explosión en cadena, una bomba de racimo que va destruyendo, en su caída, uno a uno los escalones sicológicos descendentes del empleo precario. Hasta dar en su blanco final: la mente e identidad de los niños de pueblo.

IV.
La fraternidad germinal de los niños

Sɪ ʟᴏs ɴɪñᴏs ᴄᴏɴsᴛɪᴛᴜʏᴇɴ la célula germinal, la fuente originaria de 'lo humano' de la humanidad, ¿pueden las bombas subjetivadas de la crisis neoliberal destruir por completo esa 'célula madre'? ¿Traen los niños, en su mismísimo ser, un germen de humanidad capaz de sobrevivir a los ataques externos, capaz de desenvolverse por sí mismo, en lealtad a la esencia que traen consigo al nacer? ¿Son capaces de devolver bien por mal o, por el contrario, son un mero efecto mecánico y un puro epifenómeno que reproduce y multiplica las agresiones de que son objeto? O sea, ¿pueden ser capaces de 'rebelarse', no para negar la humanidad que traen en sí mismos, sino para re-humanizar el mundo exterior?

Lo que más me llama la atención —dice Norma Carrasco, del Blest Gana— es esa lealtad que estos niños se tienen entre ellos. O sea, si uno se manda una embarrada, ninguno acusa al otro,

*aunque tú estés presionando para que ellos lo digan. Es una leal-
tad increíble, porque en otros sectores el niño siempre va a acusar
al otro que hizo algo. En cambio, en este sector (de la ciudad) no.
Por nada del mundo el niño te traiciona o te delata. Igual, si uno
lleva un pan, lo reparte con todos sus compañeros de colación;
tienen un increíble sentido del compartir...*

*Son bien solidarios entre ellos –corrobora la teniente Verónica
Bravo–; los niños se cuidan entre ellos. Sobre todo con los más
chiquitos. Tenemos un menor que tiene seis años y todos lo cuidan harto. De repente no se soportan y pelean, hasta combos de
repente hay, y esas cosas. Pero la mayoría de las veces los problemas se arreglan, porque ésta es una casa y ellos son como una
familia, y entonces entre ellos son hermanos...*

*Recorro mucho el campamento –dice la señora Isabel, de la
Junta de Vecinos de la Población San Francisco– y hay niños de
ocho, mocositas de ocho años que ya tienen que estar preparando
la comida, un caldo Maggi para sus hermanitos, porque quedan
al cuidado de ellos porque las mamás son temporeras...*

Lejanos los padres, amenazante el sistema, los niños se abren
hacia los únicos que pueden comprenderlos: ellos mismos. Donde
queda poco amor filial y protección, solo puede crecer y desarrollarse la fraternidad, la camaradería, la solidaridad. Así, aun cuando los
niños crecen con graves carencias afectivas, crecen también con una
experiencia creciente de 'fraternidad', que es, sin duda, la célula madre de la sociedad y la humanidad. Por eso, esa fraternidad de niño
tiende a transformarse, poco después, en la fraternidad de los jóvenes
hacia los «cabros chicos».

*Hacemos dinámica de grupo con ellos –cuentan los jóvenes
componentes del grupo Vijuba, de la Población Baquedano–;
conversamos con los niños del Hogar de Menores. A ellos les*

gusta que nosotros vayamos, y cuando no vamos, ellos nos dicen: 'tíos: ¿por qué no vinieron?' Se preocupan por nosotros y siempre preguntan por qué no fuimos, qué nos pasó. Y aparte de eso te dan caleta de cariño; o sea: más que el cariño que nosotros les damos es el cariño que ellos nos dan a nosotros. Es super-rico; o sea: todos fuimos a dar cariño, pero hemos recibido caleta. A lo más Hogar de Cristo: he recibido más de lo que doy.

Eso es lo que nosotros queremos –acotan las jóvenes del grupo Big-Back, de la misma Población–: que no pasen tanto tiempo en la calle, que hagan algo recreativo. Nosotras no les hacemos clases de baile no más: también jugamos con ellos. Tú sabís como son los niños: son tan inquietos. Unos son vergonzosos, otros son inquietos. Hablando seriamente: cuando uno de ellos se pone a hablar, es como un libro abierto: cuentan todo, todo. Ellos no saben mentir, y los niños nos idealizan...

Yo pienso que así como les cuesta relacionarse con una persona que venga de afuera –dice Amelia Donoso, del Blest Gana–, cuando lo logran, la hacen parte de ellos. Porque se nota, porque ya se ha dado. Y yo ya me estoy sintiendo parte de ellos. Ellos se van apropiando de uno con su propia fortaleza, porque son chicos fuertes, porque tienen una crisis que es muy seria.

La fraternidad compensatoria de los niños populares pareciera ser un panal sinérgico que atrae hacia sí a grupos juveniles, equipos de profesoras, dirigentes de poblaciones e incluso a sus propios padres. Como si, en las poblaciones golpeadas por la crisis neoliberal del «empleo precario», los grupos de niños constituyeran una molécula humana de reagrupación social y fraternidad barrial, un germen social, crecientemente colectivo, de regeneración humana. Allí, en las esquirlas disparadas hacia los bordes por las bombas de racimo, allí también se puede hallar, un germen capaz de recuperar para sí a los propios padres.

Es igual con los padres –apunta Norma Carrasco, del Blest Gana– porque, suponte, nadie tiene derecho a ofender a sus hijos. Nadie. Ni siquiera puedes llamarles la atención, porque ellos llegan inmediatamente a reclamar, aunque tú tengas la razón. O sea: tú no eres nadie para corregirlos: 'yo soy el papá y yo lo corrijo', aunque no se hayan preocupado renunca del chiquillo... Actúan como a la defensiva. Ellos se defienden del medio... Como yo vengo de otro sector, yo estoy invadiendo su medio y no tengo derecho a decir nada. Tú tienes que formar parte de su territorio para sentirse con derecho, porque si tú no formas parte y no te comprometes con ellos y no estás dentro de ellos, tú no puedes llamarles la atención. Es muy difícil 'criarlos', son niños que ejercen presión contra una; o sea, demuestran que ellos son ellos.

La profesora Carrasco viene desde fuera del territorio del Blest Gana, pero don Carlos Pinto, dirigente del Deportivo Slater de la Población Lourdes, no. Él es de allí. Es uno de 'ellos'. Por lo tanto, se incorpora de modo natural a la red solidaria que los niños saben tejer en torno suyo.

Mira, antenoche estábamos sentados aquí con Jorge Medina y llegó un mocosito que se sentó allí. Le dijimos: '¿querís jugar pimpón?', y él dijo: 'ya'. Y el cabrito empezó a jugar y jugó harto rato. Después me dijo: 'cuando grande, voy a ser del Slater'. Y ya, pasó eso. Después pasó el gordito de ahí, un niño así, chiquitito. Pasó por aquí e iba llegando a la esquina cuando se puso a llorar. ¡Se puso a llorar! El papá tuvo que traerlos para acá y jugamos pimpón con el chico. Es lo que lo conmueve a uno. De los pequeños que quieren ser alguien y nosotros, si le podemos dar, se lo vamos a dar. Ya que a nosotros no nos dieron, nosotros queremos dar. Esta es la meta de nosotros...

La atmósfera de fraternidad que los niños crean entre ellos y ven crecer en torno a ellos configura, poco a poco, una experiencia humana y solidaria que se transforma, dentro de ellos, en una actitud similar a la expresada por don Carlos Pinto: «si podemos dar, vamos a dar». De este modo, en medio de los estallidos y las esquirlas, aparecen gestos infantiles tanto o más solidarios que los que ellos reciben de los jóvenes y de algunos adultos de 'su' territorio. Una reciprocidad rehumanizadora que contrasta con los desgarramientos que bajan del sistema neoliberal.

Hay niños que trabajan –dice la señora María Teresa– y hay un gran número de niños que, en la jornada contraria a sus estudios, se van a los supermercados a envasar, a llevar bolsas, hacer aseo, etc. Y trabajan también en el sector agrícola, en temporadas de verano sobre todo. Son de todos los cursos. Incluso tengo chiquitos de Primero Básico que ayudan a sus padres como vendedores ambulantes, y venden calendarios, yerbas, distintas cosas. De chiquitos están en el comercio de la calle.

Son busca-vidas –agrega Amelia Donoso– y se van a la ribera del río, buscan botellas, tarros, latas, cartones, etc. Y así van saliendo adelante. Son fieles con la comunidad de monjitas del Centro Abierto, porque allí ellos reconocen protección, un lugar como de refugio, una posibilidad de ir de vacaciones, a la playa... de ser 'considerados'...

La mayoría, unos 20 a 25 niños –cuenta Enrique Maturana, ex profesor del Blest Gana–, pedían permiso para ir a vender El Rancagüino a la ciudad. Eran canillitas. Se daba la leche a las 15:00 y a las 16:00 partían a buscar el diario para venderlo. Llevaban $500 o $600 de hoy día a la casa, para poder parar la olla al otro día.

Mira, de lo que yo me acuerdo –interviene Zalmira Villalobos, del Blest Gana también–, los niños, casi todos los días, salían a vender El Rancagüino. Y me los encontraba en la tarde vendiéndolo en el centro. Todos trabajaban. Eran niños con poca escolaridad. En Primero y Segundo Básico había niños muy grandes que estaban en la cuestión del trabajo. Porque aquí, además, salían a trabajar en adobes. Había obras de adobes y ladrillos. Eran niños muy ocupados.

Hay falta de trabajo para los padres –dijo Norma Carrasco– y hay bajo nivel cultural. Los niños tienen que salir tempranamente a trabajar, lo que los lleva a abandonar sus estudios, o no continuar después que llegan a Octavo Básico.

¿Para qué tantos años estudiando –se pregunta María Cristina– y gastar tanto para después no tener dónde trabajar? Esto va enfriando el entusiasmo del niño por ser 'alguien' algún día...

La (generosa) solidaridad de los niños con su familia los lleva a trabajar prematuramente para aportar a la supervivencia de todos. Trabajando, ellos contribuyen también a bajar los costos generales con que opera el sistema económico. Su trabajo infantil beneficia a ese sistema, haciéndolo todavía más rentable. Pero haciendo todo eso, siendo solidarios en ambos planos (adultos) a la vez, desgastan y anulan sus propias posibilidades personales de futuro, en tanto esas posibilidades dependen de sus propias fuerzas, capacidades y tiempos de vida. La brasa de humanidad encendida con la que llegan al mundo, la gastan pronto en ese tipo de solidaridad hacia los adultos, y su fuego, por lo mismo, se apaga lentamente. A veces, para siempre.

La crisis neoliberal, en ese punto, se convierte en genocida. No porque dé muerte física a los niños pobres, sino porque degüella su futuro.

¿Cómo reacciona el germen de humanidad que traen los niños cuando se degüella su futuro? ¿Es que se apaga para siempre?

Son niños que tienen una gran expresividad artística –dice Amelia–. Todo ese caudal de vivencias que ellos tienen lo entregan a través de las artes plásticas, por ejemplo. Son buenos para hacer representaciones teatrales, para bailar, son bailarines por excelencia. Tenemos algunos raperos importantes, destacados, y son niños que tienen una gran lealtad con su familia, su comunidad, con sus padres. Hay niños que son artistas en el diseño, en la pintura. Son minuciosos, detallistas, y son capaces de dar toda esa energía que tienen...

Cuando el instinto de humanidad es bloqueado por todas partes, cuando se niega el futuro, cuando hasta la fraternidad termina girando en círculos, sin salida, no es que no quede nada, no es que todo se vuelva ceniza: la humanidad tiene siempre, aun en el límite extremo de sus posibilidades, un recurso de identidad inembargable: la expresión artística, una brasa que se reaviva con la frustración, el cultivo amoroso de sí mismo en el borde del precipicio, la cultura de la identidad en el límite final. Y este bastión postrero, al parecer, es inexpugnable: trae su propio camino.

V.
Juan Machuca
(14 años, población Las Rosas)

«Al principio, en primer año, yo no quería ir a la Escuela. Quería puro trabajar no más. Yo estaba trabajando; sacaba uva. Y yo empecé a trabajar chiquitito: iba con mi papi. Los cabros me invitaban al 'balnerario' (junto al río) a jugar a la pelota, y yo les decía: 'vayan no más, yo los acompaño otro día'. Y mi papi me decía: '¿me acompañái?'. '¿Adónde?', le decía yo. 'Vamo pa que veai las calles, pa que aprendái', me decía. 'Ya', le decía yo. Y me fue gustando la cuestión. Ahora conozco todas las calles. Mi padre es enfermo de un ojo. Cuando fue joven lo chocaron y perdió el ojo izquierdo. Me dicen mis tíos que fue bueno lo que hizo mi papi conmigo, de aprender a trabajar desde chiquitito pa ganarme mi pancito. No como otros cabros que vaguean, van a la casa a comer y la mamá los reta porque no hacen nada. Yo empecé en esto de la uva a los once años. Antes iba con mi mami y me llevaba a las pegas que ella hacía como temporera; ella trabajaba en varias cuestiones: en la uva, en la manzana, en la pera, y yo iba p'allá y aprendía. Pa no aburrirme en las tardes, iba con ella. El dinero que yo ganaba cuando trabajaba era para mí: me vestía yo solo. Era para mí. A veces le decía: 'ya, mamita, ahí tienes la plata'. Pero a veces no me daban ganas de ir para allá, porque me aburría. A veces no iba. De repente me daban ganas de trabajar, de repente no. Era un trabajo de algunos meses no más, y yo trabajaba en las mañanas y estudiaba en la tarde. Si no, no. No era obligatorio que yo fuera a trabajar.

«Yo trataba de sentirme como... digamos... ayudando a mi papá; pa' esa cuestión trabajaba yo, porque no quería nunca que me dijeran: 'vos soi vago, fumái'. Si los cabros me decían: '¿querís fumar? ¿O soi maricón que no fumái?', yo les decía: 'no, no, fumen ustedes no má'. Un día tuve una pelea con un cabro. Me dijo si quería un cigarro, y yo le dije: 'no, fuma tú nomá', y él me dijo: '¡soi maricón!', y me chantó un combo. 'Ya, fumen no má cabros', dije yo, y me vine. Después conversé con el cabro y le dije: 'ya, no fumí má esa güeá, te hace mal', y el cabro me dijo: '¡ah, tení razón!'. Y ahora, bueno, es mayor que mí, pero no le hace a esa cuestión del cigarro, no le hace na.

«En el colegio yo me portaba mal, no lo niego: hacía la cimarra, me arrancaba. Me iba p'allá p'arriba, íbamos a montar chanchos, que eran de un caballero. Nosotros íbamos y montábamos ahí, pero un día nos pillaron y nos retaron, y al otro día métale montarlos de nuevo... Una vez la tía del colegio me retó y yo empecé a insultarla; se me acercó un cabro, me agarró los brazos y me chantó dos charchazos porque me porté mal... y yo pesqué una silla y se la tiré por la cabeza a la tía y salí arrancando. Mandaron buscar al apoderado, pero nunca llevé al apoderado. Me porté mal yo, y ahora sigo portándome mal. A veces me aburro y me dan ganas de salir pa fuera un rato. La dificultad mía siempre ha sido aprender a leer y escribir. Sí, un poco, sí, pero me cuesta y a veces me da rabia, me da impotencia. Cómo no poder aprender, digo yo, y me da rabia: 'me voi a arrancar, me voi a ir pa fuera un rato pa pasar las penas, pa despejar la mente, pa no pensar güevás malas'. Mis compañeros saben, saben harto, yo soy el único dejao. Pero en las pruebas no tengo problemas, porque me las hacen oral, me preguntan y yo respondo oralmente y me saco las notas igual. Sé copiar del libro, las páginas; me sé todas las letras, pero lo que pasa es que se me le confunden. O sea: algunas, no todas. A veces puedo escribir palabras largas, cortitas, pero a veces se me confunden y ahí es donde me equivoco. Mi logro es llegar a Octavo Año, y después estudiar una carrera, algo. Pero lo que me gusta a mí es la agricultura. No sé si voy a poder estudiar agricultura, porque de repente puedo aburrirme.

«Mi papi siempre ha tenido un sueño de tener una camioneta, pero él no puede por la cuestión del ojo. Él llegó hasta quinto año; también le costó la misma, también tuvo problemas con su aprendizaje, también tuvo el mismo problema que yo. Por esta cuestión sigo estudiando. Tengo que decir que voy a seguir estudiando yo no má, porque yo tengo la posibilidad de estudiar, no ellos (mis padres).

«La cosa económica depende de ellos, pero no es pa estudiar p'afuera (de Rancagua), porque si quisieran mandarme p'afuera no les cuesta nada: pescar un caballo, venderlo y mandarme estudiar p'afuera. Pero yo no quiero. Yo quiero seguir este año y el que queda no má. No sé. No tengo pensado lo que tengo que hacer, pero quiero sacarme algo que me sirva más adelante...».

VI.
Marcela Pastene
(19 años, población Dintrans)

«En 1986 yo tenía siete años, claro, cuando viví con mis dos papás; o sea: con mi papá y mi mamá... El '90 mi mamá de nuevo se separó de mi papá y me fui a vivir a San Fernando con mi mamá. Allá yo no me llevaba muy bien con ella por problemas que ella se puso a convivir con otro hombre. Y me vine con mi papá el '91. Él vive con mi madrastra, con la señora con la que yo vivo ahora. Y empecé a vivir acá.

«Cuando llegué a vivir el '91 yo no estudiaba, porque mi papá no me quería colocar en el colegio. Yo fui entonces a una preparación del Centro Abierto, que está en la Villa Las Rosas. En el Centro empecé a estudiar por niveles, y ya había hecho Segundo año Básico en San Fernando... Bueno, fuera de que yo había perdido dos años de estudiar, iba con doce años en tercero básico... Yo ya sabía materias de quinto, porque hasta allí llegué estando en el 'nivel' del Centro Abierto. Sabía harto más que las demás, y además que era más grande que todos los demás compañeros. Y ya, pasé con el primer lugar ese año a cuarto básico, después hice sexto, séptimo y octavo.

«Cuando era chica, cuando recién llegué acá, yo no compartía con la gente. La verdad, mi mamá nunca compartía con nadie. Nunca tenía amigos o amigas, siempre pasaba encerrada. Entonces, yo pasaba igual. No jugábamos en la calle, claro; jugábamos adentro de la casa; nunca pasaba en la calle... Ahora no vivo con mi mamá. Yo me vine de la casa de mi mamá y yo viví con mi papá y mi madrastra, pero mi papá se separó de ella y yo me quedé con ella. Yo no estoy viviendo con mi papá tampoco; mi papá se fue de la casa. Es que a mi papá siempre le gustó más el libertinaje. Siempre se iba de la casa y después volvía, hasta que un día se fue y no volvió nunca más. Yo me quedé con mi madrastra, o sea, con mi 'tía' –para que no suene tan feo–, y yo tengo todo el apoyo de ella. Mi mamá me viene a ver una vez al mes... igual la he perdonado.

«Yo trabajo en el verano, estoy estudiando tercer y cuarto medio en el Liceo Manuel de Salas de Rancagua, en nocturna. Estoy también en el Centro Abierto, en reforzamiento. Yo estudiaba y trabajaba; o sea, empecé así este año, pero a mitad de año ya estaba muy cansada: dormía poco, comía poco y era difícil estudiar y trabajar. Yo empecé a trabajar a los 15 años; trabajaba en el verano y estudiaba desde marzo. He trabajado en frigoríficos. En los veranos, cuando era menor de edad, trabajé en los parronales, a veces cosechando manzanas, en *packings* de uvas, y después, cuando ya tenía 16 años, una amiga me llevó al UTC, un frigorífico que queda en Requínoa y ahí me pusieron a trabajar. Y yo me sé todo el trabajo en el frigorífico, todo el trabajo que sabe una obrera. Cuando trabajaba, llegaba a las 18:00 horas acá y así ayudaba a hacer las cosas en mi casa. Mi tía trabajaba en ensaladas preparadas; entonces ella con eso mantiene la casa y, bueno, yo le ayudaba a mi tía. Ya a las 19:30 me iba al Liceo. Al otro día, a las 5 y media o a las 6:00 de la mañana estaba ya en pie y en la noche me acostaba a las 11:00. Me sentía muy agitada y cansada. Me levantaba a las 6:00, me iba a tomar el bus. A veces alcanzaba a tomar desayuno, a veces, no. A veces tenía que irme corriendo por el callejón a tomar el bus en la carretera, porque me había quedado dormida...

«Estuve como tres años en eso. En la casa andaba todo al lote. Cuando yo llegaba del trabajo, tenía que llegar a hacer las camas, porque ella también trabajaba, y con el asunto de las ensaladas no le quedaba tiempo. Yo salía a veces a las once de la noche a la calle, volvía como a las once y cuarto, estudiaba un poco y me acostaba. Cuando me iba en el bus en la mañana, estudiaba en el bus, y mis amistades ya no se juntaban conmigo, yo los había dejado a todos de lado... Antes, cuando tenía pololo, salíamos los fines de semana. A veces me daba un tiempo y estaba en la plaza, pero de ahí nunca salíamos porque yo estaba: 'ya, hasta tal hora', y se hacía lo que yo decía...

«Creo que tengo que juntar un poco de plata para estudiar por lo menos Programación en Computación, porque ahora no hay nada si no es con programación en computación. Pienso que con el puro Cuarto Medio no puedo quedar; creo que tengo que hacer un curso o trabajar y juntar plata. Y en una de éstas con un pituto se consiguen muchas cosas. Me dijeron que diera la Prueba de Aptitud Académica y con un pituto entraba a Inacap. La verdad es que uno propone y Dios dispone...».

VII.
El mensaje
de los «cabros chicos»

LA MAYORÍA DE LOS NIÑOS que egresan de los colegios Jean Piaget y Blest Gana no siguen estudiando en niveles superiores. Los mejores alumnos aspiran a ingresar al Liceo Comercial de Rancagua, pero el hecho de que provienen de colegios con mala fama, de la sospechosa «educación diferencial» o del lastimoso Hogar de Menores, no les favorece. No les abre camino. Sobre esto señala Marcela, profesora del Jean Piaget:

> *Se sienten muy deficitarios en relación al resto. Se sienten inferiores, como niños 'diferenciales' o como niños 'limítrofes'. Muchos, después de Octavo, se presentan al Liceo Comercial, y la verdad es que, últimamente no les ha ido nada de bien. Entonces, al final, han tenido que ir a los liceos no más, donde el ingreso no es tan complicado. Entonces de partida ya van con esa carencia. Así de simple. Porque se 've' la carencia. Se siente. Es palpable.*

El sistema bloquea, de algún modo, el acceso de esos niños al gran sistema de la modernidad y del mercado. Y una y otra vez los analistas dan cuenta del fracaso del sistema educacional en cuanto a elevar el rendimiento escolar en función de los «puntajes nacionales», de los puntajes mundiales y de la «competitividad» que el país necesita para progresar. Muchos niños y adolescentes –como es el caso de Marcela– intentan llegar a los más altos niveles a costa de un esfuerzo agobiante. Pero la información existente señala, una y otra vez, con frialdad estadística, que son muy pocos los que, en nuestra sociedad actual, pueden alcanzar el éxito completo. La mayoría se quedará en el camino, atascado para siempre en algún empleo temporal, precario o «a honorarios». Viviendo a medias, con futuro recortado. Y los intentos oficiales se multiplican para que el sistema educacional 'competitivo' resuelva el problema del empleo precario y la pobreza social y cultural que desde ése se genera. Inútilmente.

¿Puede el sistema educacional neoliberal resolver por sí mismo los problemas sociales y culturales que se derivan precisamente de su tipo de crisis? ¿Puede la 'competitividad' –categoría suprema de nuestra educación– disolver en el aire las bombas de tiempo que reparte esa crisis hacia abajo? ¿Es que de tanto ocultar esa crisis en la subjetividad de los pobres, los administradores del modelo neoliberal han terminado por no ver nada y enceguecerse?

Tal vez ha llegado el tiempo de pensar que un buen principio básico para montar un sistema educativo humanizado y eficiente es mejor buscarlo en los niños mismos y no en la lógica automática del mercado. Todo indica que la verdad está en ellos y no en las consignas abstractas formuladas por los profetas del Consenso de Washington.

Pues, como se ha visto, ante el ataque solapado de la crisis neoliberal, los niños pobres de Rancagua han respondido buscando y dando 'cariño' (por ejemplo, a los jóvenes o a sus profesoras), tejiendo lazos de 'fraternidad' (entre ellos y con grupos de adolescentes), trabajando para 'solidarizar' con la situación de los padres y otros adultos (como Juan Machuca y Marcela Pastene), dejándose acoger y ser 'protegidos' (como los niños del club Slater), pero también bebiendo y drogándose en las calles, o 'agrediendo' a los que los critican (como Juan Machuca a su profesora). No hay duda de que, en su reacción espontánea ante el ataque de la crisis, han respondido fusionando una actitud fraternizadora, con otra de protesta y rebelión, que son, en último análisis, los dos componentes fundamentales de una conducta re-humanizadora.

Por eso, en torno a ellos están surgiendo redes solidarias, tejidos sociales que responden re-humanizadoramente al ataque de la crisis, pues no solo se están asociando entre ellos, sino que están atrayendo hacia sí el interés y la preocupación de los grupos juveniles, el de las profesoras y profesores que los atienden y el de los dirigentes adultos de los clubes de barrio. De un modo u otro, en pequeña o gran escala, los niños están estimulando, por acción propia y por mera presencia, la respuesta solidaria de los pobladores contra el ataque solapado y deshumanizador de la crisis neoliberal. Y esta respuesta –que es esencialmente social y cultural– contiene de un modo notorio y relevante, como se dijo, los componentes fundamentales de la conducta re-humanizadora: la fraternidad y la rebelión.

¿Qué hacer ante la presencia de esa 'respuesta' a la crisis? ¿No hacer nada –como es la tendencia del oficialismo– y dejar que esa respuesta vegete por allí como una 'subcultura' cada vez más atada a una mera «estética del descontento» y al nacimiento de un nuevo 'folklore' popular? ¿Como la sinergia cultural de los nuevos «grupos anarquistas», a los que se debe estudiar, vigilar y controlar? ¿Como un incómodo fenómeno lateral –cuya única salida probable es el vandalismo callejero– al que debe dejársele allí (lateralizado para siempre, bajo control policial) mientras se orienta todo el sistema escolar de este país a enseñar a los niños a competir unos contra otros, a una escuela contra otra, liceo contra liceo y universidad contra universidad; combatiéndose todos entre sí para ganarse a como dé lugar un puesto en el Mercado? ¿Incluso, como quiere hacer Marcela Pastene –y no sabe hacer Juan Machuca–, utilizando a los infaltables «pitutos»?

El «malestar privado» (crisis neoliberal subjetivada) no es, sin embargo, una bomba de tiempo que va estallando hacia dentro de cada uno hasta la aniquilación total del sujeto, inexorablemente. No. Pues no puede llevar a la destrucción total de sí mismo. Y no porque el modelo neoliberal no quiera llegar a eso, sino porque la naturaleza humana, cuando está presionada hasta ese punto, echa mano de sus 'reservas esenciales' para revertir la presión destructiva y generar procesos re-humanizadores. La reacción de los niños de Rancagua ante la crisis ha dejado eso en evidencia. La crisis neoliberal apunta contra los niños de pueblo, pero éstos están reaccionando de un modo que provocan respuestas radicalmente distintas a la educación neoliberal, pues no enseñan a 'competir', sino a 'fraternizar y solidarizar'. No subjetivan la crisis para ocultarla –como hace el sistema–, sino, al contrario, socializan las respuestas a ella precisamente para hacer visible lo que puede ser un mundo distinto, una sociedad superior.

Del mundo de los niños y jóvenes populares está surgiendo, pues, un movimiento social contrapuesto al modelo neoliberal, que por ahora está conformado por múltiples gestos de solidaridad, por móviles «estéticas del descontento» que pasean sus símbolos de re-humanización y rebelión por todas partes, por densos gestos de rabia y agresión que se dirigen, sobre todo, contra las 'cosas' y los 'símbolos materiales' del mercado (por venir de gérmenes solidarios, no podrían atentar contra las personas, excepto por desesperación y locura).

¿Por qué no educar la solidaridad que están mostrando los niños populares y construir en torno a ella un completo sistema educativo y un entero modelo de sociedad? ¿Por qué no potenciar educativa y políticamente esas respuestas y abandonar de una vez el criminal privilegio que se da a las bombas de racimo que se inyectan en la subjetividad del pueblo?

¿Por qué no mirar a los «cabros chicos» y escuchar con seriedad los mensajes con los que están llegando al Chile actual?

¿Por qué no creerles?

Providencia, mayo 30 y 31 de 1999.

Prefacio a
«La guarida de los
príncipes»[95]

Los niños –según se cree– no hacen historia. Como que están al margen de los grandes y graves procesos en los que se comprometen y juegan su vida los adultos. Como que están por ahí, fuera de todo, jugando, o esperando (que no es lo mismo, pero es igual). Inocentes. Sin comprender. Y que, bueno, «ya llegará el momento en que les explicaremos todo, para que aprendan».

Los niños, demasiados pequeños aún para hacerse cargo de los problemas de la vida, de la guerra, de la política, de la economía globalizada, de la historia mundial. Les falta experiencia para comprender, conceptos para opinar, sabiduría para decidir. ¡Pobrecitos! No pueden ser, todavía, ni sujetos históricos ni ciudadanos.

¡No son adultos! Hay que protegerlos, dejarlos en un lugar seguro. Apartarlos. Es mejor que no sepan.

¿Qué se requiere para entrar en la historia? ¿Tener 18 años, saber leer y escribir, tener derecho a voto, imputabilidad penal, estar inscrito en un partido político, exhibir una planilla de sueldo mensual, tener hijos?

¿O llevar uniforme militar, reprimir a los subversivos, torturar a los revolucionarios, mentir institucionalmente, escapar de la justicia por los resquicios de la ley dictatorial, hablar todos los días de la patria y ninguno de los pobres? ¿O llevar estola y birrete purpurados y ser inquisidor del sexo, del amor, de la libertad afectiva, mientras se amparan las transgresiones a la ley monacal de la continencia y la heterosexualidad? ¿O vestir toga de ministro, o facha de político en día de elecciones, o seriedad de juez en noche de sentencia, llevar de amén a los militares, coquetear con los capitalistas del mundo, hacer genuflexiones al poder fáctico? ¿O hay que ser héroe del pasado, demagogo de otra época, Premio Nóbel de alguna cosa, estatua de parque o busto de pasillo palaciego?

¿Es eso lo que los adultos ocultan a los ojos de los niños? ¿Es eso lo que quieren que *no* sepan?

Si es eso lo que los adultos hacen a escondidas de los niños, está bien: es mejor que los niños no aprendan todavía *todo eso*. Pero es dudoso que los niños no sepan que todo el secreto de los adultos no es más que *eso*.

Los adultos, ante los ojos de los niños, tienden una transparente y algo absurda cortina de humo para separarlos de su historia real, un conjunto de prevenciones maternales y una lluvia de órdenes disciplinarias, todo para recogerlos en lugares 'protegidos', lo cual es como tapar la Cordillera de los Andes poniendo un dedo frente a sus ojos. O una luminosa mañana estival. O una burbuja de jabón rebotando en el aire.

Inútil.

La historia no es un secretillo de adultos, sino una realidad movediza y envolvente que baña a los adultos lo mismo que a los niños; aunque, tal vez, de distinta manera. Se derrama sobre todos los cercos protectores. Cruza todas las cordilleras verbales. Se filtra a través de todas las burbujas que rebotan en los vidrios. Pues son oleajes de sentimientos, de temores, de gestos, acciones e interacciones, voces y silencios que, sobre todo, se aglomeran en nubes, que llegan, flotan y *llueven sobre los niños*. Nada es más real e instructivo para los niños que el incesante movimiento de la resaca histórica que, furtiva o amenazadoramente, pincha su sensibilidad todos los días. Cargada de mensajes. Pirograbada en códigos. Llena de pistas a recorrer. Sobre todo si esos niños son hijos de trabajador precarista, de obrero temporal, de padre joven que no encuentra empleo, de militante rebelde perseguido por el sistema, de madre soltera sin proyecto de futuro. La densa realidad social, cultural y política que satura la identidad de los padres tiende a ser filtrada por éstos, para exprimirles lo que debiera captar la pupila del niño, para dejar caer sobre él, gota a gota, la *esencia pedagógica* de esa realidad. Pero los niños no aprenden de ese elíxir, sino de la resaca histórica real que viven. No aprenden por pedagogía, sino sintiendo lo que sienten, por sí mismos. Por eso saben mucho, desde siempre.

Y no se quedan estupefactos recibiendo lecciones. Ni estáticos, ni estúpidos. Porque no nacieron alumnos ni tienen experiencia suficiente, *pero tienen sensibilidad más que suficiente*. A menudo, más que los adultos. Pueden comprender, sin ser comprendidos. Y esto hace que ellos puedan *hacer historia por su cuenta*, a espaldas de sus padres, o frente a ellos (pero ignorados), o uno con otro solos, pero llenos de imaginación viva. Porque un niño con otro extienden la sensibilidad como red, recogen todo el rocío que proviene de las nubes adultas, filtran a su manera la realidad en imágenes químicamente puras. Y las pandillas de niños pueden, por eso, llenarse de una historicidad que, pareciendo ser un reflejo de la adulta, puede resultar más auténtica y más verdadera que la que tratan −como el avestruz− de ocultar los adultos.

Por eso, cuando crecen y se vuelven «mayores», los niños recuerdan su niñez o adolescencia como la etapa esencial de sus vidas. Acaso la más profunda. Sin duda la más auténtica. Porque allí vivieron las percepciones de la historia en su prístina pureza, sin discursos encubridores, sin estereotipos pedagógicos, sin silencios cómplices, sin verdades a medias, sin cuchicheos tras la puerta. Cuando la sensibilidad estaba en transparencia máxima y el amor filial en clave mayor. Cuando aún el pasado acumulado en adultez no les jugaba «malas pasadas». Ni recuerdos amargos. Ni separaciones lapidarias.

El libro que prologamos cuenta el largo viaje de un psicólogo por las profundidades sociales y emocionales de la historia dictatorial de Chile de fines del siglo XX. Da cuenta de cómo los niños replicaron, duplicaron y sublimaron, en una guarida propia, las tragedias y desatinos de la historia adulta, autoprotegiéndose no solo de las típicas advertencias y premoniciones maternales, sino también de la represión y la furia de la dictadura militar. Da cuenta de cómo un profesional adulto fue, allí, en esa guarida, *reeducado* como adulto, como ciudadano y como ser humano. Da cuenta también de toda la ancha, cálida y acogedora red de relaciones sociales que se dieron y se dan en la 'baja' sociedad civil en momentos de crisis. Pero también anota los temores, las sospechas, los riesgos de todos. De adultos. De niños. Del propio profesional. El libro es, por eso, un mosaico de biografías múltiples en las que se enreda y vive la propia autobiografía del autor, y en las cuales palidece y se esfuma el «cuaderno de campo». Pues todos allí, al unísono, temen y aman. Pues se sufre, se huye y se retorna. Siempre. Para siempre.

Este libro prueba que la historicidad es más ancha, invasora y profunda de lo que se cree. Que tiene zonas infantiles de altísima sensibilidad. Lazos solidarios inhallables en otras esferas de la sociedad. Que allí abajo, pese al paso del tiempo, a la confusión de los caminos políticos y al envejecimiento inevitable, hay un material humano, una epidermis histórica, afectiva y ética que bien merecería convertirse en el *poder regenerador* de la sociedad. Tras este largo viaje bajo la tierra de los adultos, el autor de este libro reconoce haber salido enriquecido, como hombre y como ciudadano, y es lo que, indudablemente, ha querido transmitirnos. Es la historia de un profesional adulto que, reviviendo la esencia de la niñez, aumentó el índice de su humanización.

No es, por tanto, solo un 'cuaderno de campo'. Mejor dicho, a propósito de un ejercicio etnográfico, este libro cuenta la voluntaria aventura de un chileno que quiso empaparse con lo más puro de la historia profunda de este país. Y lo importante es que, desde allí, emergió reconfortado. Alegrémonos.

La Reina, Octubre de 2002.

Notas

1 Ponencia presentada en el Seminario «Sociedad agrícola y minera chilenas, en la Literatura y en la Historia», organizado por el Departamento de Historia de la Universidad de Santiago, en julio de 1989. Publicada primeramente en la revista *Proposiciones* N° 19 (Santiago, 1990. Editorial SUR), pp. 55-83.

2 Narración basada en el «Informe sobre un suceso extraordinario», firmado por el gobernador de Illapel José Simeón Vicuña y dirigido al intendente de Coquimbo, Juan Melgarejo. En Archivo del Ministerio del Interior (AMI, en adelante), vol. 146, fs. 547-551. Se revisaron también los volúmenes del Archivo de la Intendencia de Coquimbo (AICq., en adelante) correspondientes a los años 1845 a 1847.

3 «En marzo se fue para abajo en el mismo caballo alazán. Cuando salió, se alojó en las Cieneguillas en casa de Berna Barrientos. Al otro día salió y fue alojar al Portezuelo de Durán, donde un ovejero... al otro día fue a parar a las Piedras de Amolar, donde Domingo Moreno, y al siguiente a la orilla de Cauquenes, donde un hombre que no conoce... De allí fue alojar a Tucapel, donde Domingo Albornoz, estuvo como dos semanas, y se fue para la orilla del Maule donde su tía Mercedes. Allí estuvo quince días y dejó el caballo alazán y en una bestia de su primo fue para Migres». Declaración de Juan José Jaque, peón y ex recluta, ante el escribano militar de Concepción. En Archivo de la Intendencia de Concepción (AIC, en adelante), vol. 197, en julio 15 de 1840, s/f.

4 «Estimado padre: hase mucho qe no savemos de V, así es qe le suplica mi madre qe le escriba sin perder tiempo si como le va por alla asi para qe tiempo viene, la anoticio qe mi madre esta mui enferma i nuestra casa se quiemo, asi es qe vivemos abajo en una casita qe acomode como pude i pues e bendido mi cavallo i montura pa conseguir tablas para acomodar una casa para vivir i poner nuestra comida, sin mas deseamos su mejor salud i felicidad i rresiva memoria de mi madre i toda la familia, su hijo qe B deseo. Crisanto Villarroel, Puerto Montt, julio 5 de 1869. En AMI, vol. 536, s/f.

5 «Que habiéndose ido para la capital, lo agarraron de recluta y dentró de soldado del N° 7, donde sirvió un año y tres meses. De allí desertó del puerto de Valparaíso, estando a bordo para embarcarse... se fue a la capital, allí lo agarraron y dentro a servir al N° 4... desertó... anduvo a escondidas y se corta el dedo pulgar a fin de inutilizarse». Declaración de Pedro Ramírez, peón y recluta, en Archivo Judicial de San Fernando (AJSF, en adelante), Legajo 195, Pieza 7, año 1825.

6 «Por cuanto he sido informado por personas de cristiano celo que Clemente Maturano, mulato, es público ladrón, salteador, ocioso, vagabundo... apocentándose de día en los montes y saliendo a robar de noche, andando con mujeres... con poco temor de Dios», en AJSF, Legajo 185, Pieza 19.

7 «Su oficio ha sido desde su nacimiento el robar caballos, mulas, vacas y cuanto ha encontrado». Libelo contra Juan Cartagena, peón. En AJSF, Legajo 192, Pieza 37, año 1819.

8 «Que hacía algunos meses que llegaba Agustín Arévalo a casa de su hermano y que en algunas ocasiones había traído carne de vaca. Que también han llegado allí dos amigos, el uno se llama Pedro y el otro Antonio, que el tal Pedro tiene un machetazo en la frente... Que en el poco tiempo que había estado en la casa de Bartolo Pavez había visto llegar a dos hombres que no conocía y que también llegaba su marido, el cual se llamaba Agustín Arévalo, alias Camancho... Que hacía más de cuatro días que no veía a su marido...». Declaraciones de las testigos María de los Santos Pavez y de Micaela Arraigada, en AJSF, Legajo 193, Pieza 9, año 1820.

9 «Mis hermanas tocaban la guitarra y el arpa y sabían cantar muy bien. Los patrones entraban siempre a la casa a reírse, cantar y chacotear con ellas, chanceándose con nosotros. Un día Carmelo, a quien no le gustaban las bromas de los patrones, le tiró el agua sucia de un cántaro encima de uno de ellos, que ese día andaba vestido con un traje blanco». Benito Salazar Orellana: «Vida de Carmelo Salazar» (Manuscrito inédito, Santiago, 1962), p. 24. El texto se refiere a un incidente ocurrido hacia 1896, aproximadamente, en un fundo de Colchagua.

10 «Habiendo el grande abuso de que si algún pobre logra, a cuenta de su trabajo... el arriendo de alguna porción de terreno, se le duplica el valor de lo que se debe pagar a medida de la voluntad de su dueño, y está expuesto a que lo arrojen de ella con motivos muy ligeros». T.P. Haenke: *Descripción del Reyno de Chile* (Santiago, 1942), p. 195.

11 «Mi padre ganaba una miceria como vaquero del fundo, que no le alcanzava siquiera para sus propios gustos. Su sueldo era de $ 7 mensuales y lo ocupaba hasta de noche a veces el patrón. Cada vez que el patrón quería ir a rebolberla al casino del pueblo con sus amigos, obligaba a mi padre que lo acompañara, en el casino le daban sus copas de licor para que no se aburriera de esperarlo... Se venían los dos con bastantes copas en el cuerpo. Yo me acostaba medio vestido y me estaba alerta... lo ayudaba a bajarse del caballo, lo llevaba a la cama, le zacaba las espuelas, las botas... lo ayudaba a desvestirse». Benito Salazar Orellana: «Vida de Benito Salazar Orellana, escrita por él mismo» (Manuscrito inédito, Santiago, 1960), pp. 65-67.

12 «Una noche me combidó mi padre para que fueramos a pescar vagres en el estero, y fuimos los dos. Llevamos dos anzuelos con sus respectivos gusanos y nos instalamos al lado de unas grandes masas de sauces llorones, que son los que crían grandes champas en el agua con sus raíces y que sirven de criadero para los vagres... Estuvimos harto rato... El vagre que había pescado era tan grande y como corcobeaba tanto debajo del agua yo no lo podía levantar, entonces acudió mi padre y me alludó... Qué gusto y algazara tuvimos los dos con el vagre y lo llevamos a la casa en triunfo... Mi padre les contaba como lo había sacado yo», en ibídem, pp. 12-14.

13 «En la noche de ayer, como a las doce, llegó mi marido José de la Cruz Vergara a mi casa un poco bebido de licor, i habiéndose acostado con la exponente en su cama, en la cual también dormía el obciso Juan Agustín Vergara, este último principió a llorar, en estas circunstancias le pegó mi espresado marido algunas palmadas, i como continuase llorando, le tomó de los piez y dándole un fuerte golpe hacia el suelo lo arrojó después a mi cama, apareciendo por consiguiente enteramente muerto». Declaración de Proserpina González, en Archivo Judicial de Talca (AJT, en adelante), Legajo 917, julio 30 de 1871.

14 «Entonces me desidí a lo que tenía pensado, de decirles a mis padres que nos viniéramos a Santiago, porque yo no deseaba sembrar más... Mis dos hermanos mayores ya se habían ido a Santiago y a mí me habian dejado solo con todo el trabajo de la casa. A mí me llenaba de indignación esto... Yo, empantanado en el fango y ellos como los futres, en zapatitos y bien terniados... Encontraron buena la idea... Mi hermano Carmelo nos llevó a ocupar una enorme pieza que nos tenía arrendada en la calle San Diego N° 730». Benito Salazar: «Vida de Benito...», loc.cit., pp. 89-92.

15 «Que durante nuestro matrimonio con el dicho mi Manuel compramos 250 quadras de tierra y en ella edificamos una casa y cosina de teja y dos medias aguas la una con techo de paja y la otra de teja». Testamento de una viuda. En Archivo Notarial de Chillán (ANCh, en adelante), vol. 2, febrero 19 de 1820.

16 «Francisco Pineda, casado y con siete hijos ante VS... expongo: que vivo años en el valle de Palomares arrendando retacillos de terreno para poder sostener a mi familia; mas mis hijos están en la mejor edad para educarlos aunque sea en lo más esencial que debe saber el hombre, lo que solo podré conseguir avecindándome en esta ciudad». Petición de sitio. En Archivo del Cabildo de Concepción (ACC, en adelante), vol. 8, f.20. Año 1845.

17 Sobre la expoliación sobre el empresariado popular del siglo XIX en Chile, véase de G. Salazar: *Labradores, peones y proletarios* (Ediciones Lom, 2000) y «El movimiento popular de industrialización en Chile, siglo XIX» (Ponencia presentada en las Jornadas de Historia de la Universidad Metropolitana de Ciencias de la Educación. Santiago, octubre de 1989. Publicada en *Proposiciones* N° 20, Santiago 1991, pp. 180-231).

18 «Me recibieron dos mujeres armadas de palos, hasta llegar su osadía a descargarme un garrotazo en la cabeza, diciendo que no obedecían órdenes ninguna». Declaración del Juez de San Fernando. En AJSF, Legajo 190, Pieza 11. Año 1803.

19 «He llegado a entender que el pobre labrador no coge todo el fruto de que es digno su trabajo por las ventajas usureras que les exigen los aviadores con quienes su pobreza les obliga a empeñarse... Son atormentados con ejecuciones judiciales». Informe del Procurador de Ciudad. Archivo de la Municipalidad de San Felipe (AMSF, en adelante), vol. 1, f. 352.

20 «Que vio cuando Gabino Ramírez insultó al Señor Inspector don Domingo Rey diciendo en su propia faz que era un juez de carajo, y porque doña Petrona del Solar le reprendió semejante expresión, le dijo que su madre era una puta y que todos los jueces de la villa eran de sucios excrementos, que no se le daba nada de ninguno de ellos y que no les hacía juicio». Declaración de testigo. En Archivo Judicial de Puchuncaví (AJP, en adelante), Legajo 16, Pieza 36. Año 1838.

21 «A las nueve y media de la noche se ha encontrado una criatura como de un mes arrojada a la calle en el cuartel N° 3 junto a la casa de doña Nieves Cuesta, quien se encargó de ella espontáneamente por anoche, junto con cinco pañales y cinco mantillas viejísimas que traia. Habiendo sido inútiles todas las diligencias practicadas con el fin de descubrir sus padres, lo pongo en conocimiento de VS para que se digne acordar lo que crea conveniente». ACC, vol. 8, f. 264. Año 1849.

22 Informe de José Bascuñán al Ministerio del Interior relativo a la Casa de Espósitos. En AMI, vol. 320. Santiago, febrero 5 de 1855.

23 «Muchas de las mujeres de la hacienda trataron de darle a Marie uno o dos de sus niños a modo de presente o regalo, y éste fue siempre un muy delicado asunto, porque esas mujeres se sentían amargamente ofendidas si ella demostraba no querer semejante regalo. Tenía que dar complicadas razones antes que las madres sonrieran de nuevo, como siempre lo hacían, y se retiraran reticentemente, con su familia todavía completa». En Charles J. Lambert: *Sweet Waters, a Chilean Farm* (London, 1952), pp. 124-125. Traducción del autor.

24 «A pesar de la fertilidad del suelo, la pobreza es tan grande, que muchas mujeres están siempre deseosas de vender a sus hijos y aun se manifiestan gustosas de darlos... Sus compradores los adiestran al menos a servir». En R.L.Vowell: *Compañas y cruceros en Venezuela, Nueva Granada y en el Océano Pacífico, de 1817 a 1830* (Santiago, 1962), pp. 170-171.

25 «Y en cuanto a las chinas y chinitos de Arauco, solían regalarse como se regalan hoy los caballitos de Chiloé. Empleábanse los chinitos en los mandados al bodegón, y las hembrecitas como niñas de alfombra y como despabiladoras por la noche. Era de rigor que anduvieran descalzos... y además pelados. Se les dejaba en la frente un mechoncito para el 'tironeo'...». Texto de Benjamín Vicuña Mackenna, citado por G.Feliú, en *La abolición de la esclavitud en Chile* (Santiago, 1942), p. 45.

26 «Repetidas veces se oye decir que aparecen en el fondo de las quebradas miembros despedazados de niños que han sido arrojados a ellas por el crimen o la miseria de sus padres, que no tienen cómo alimentarlos. Estas proles desgraciadas nacen para hacer alimento de los perros o cerdos». Informe del Procurador de Ciudad. En Archivo del Cabildo de Valparaíso (ACV, en adelante), vol. 6, tomo 4, f. 229. Año 1843.

27 Una descripción de este rito popular en Memoria del Intendente de Santiago, en AMI, vol. 172, agosto 4 de 1846.

28 «En las inmediaciones de los pilones que hay en la ciudad, las mujeres lavan cuanto les acomoda de ropas y otras cosas, con que no solo se experimentan en la calle desórdenes y ruidos entre muchachos y gentes de ambos sexos, sino también inundando aquellos sitios, se fomentan lodazales y putrefacciones, que hacen inmundas las calles y odiosa aquella vecindad». Informe del Procurador de Ciudad. En Archivo del Cabildo de Santiago (ACS, en adelante), vol. 79, f. 57.

29 «Lo mismo han hecho de quitarme a mi nietecito José Vallejos, de edad de 16 años, y lo dieron sin término de esclavitud... que se me entregue a mi lejítima hija y mi nietecito, para que me sostengan y acompañen». Petición de Candelaria Valenzuela. En AIC, vol. 33, mayo 15 de 1847.

30 «Juana Avilés... comparezco y digo: que hallándome con alguna desconfianza en un sitio que poseo, de los que anterior fueron dados a los pobres como yo de solemnidad... conociendo que hay nuevas dádivas, no sea que el mío recaiga a otro poder... A ruego de Juana Avilés, por no saber firmas». Petición de sitio. En ACC, vol. 6, f. 106. Año 1843.

31 «Rosa Verdugo... digo: siendo viuda pobre y con hijos... implorar el favor de darme un sitio para trabajarlo en término de seis meses y hacer una huertecita que me proporcione el mantenimiento para mis hijos». Petición de sitio. En ACC, vol. 6, f.14. Año 1845.

32 «Propiedad N° 21, de Carmen Cruz. Extensión: dos cuadras. Renta: $ 50 anuales». Informe de la Comisión de Catastro. En Archivo del Ministerio de Hacienda (AMH, en adelante), vol. 309. Freirina, diciembre 2 de 1854.

33 «El juego tan ilícito que cotidianamente mantiene en su casa, consintiendo a toda clase de gente, en donde se ocupan estos individuos todo el día y mucha parte de la noche con abandono de sus casas y familias... Se le ha dicho a dicha Petrona muchas reprensiones a conseguir que en su casa no consienta semejantes juntas ni encierros». Denuncia al Juez. En Archivo Judicial de Petorca (AJPe., en adelante), Legajo 11, p. 4.

34 «Haber venido a sacar unas mujeres a la Casa de Corrección, junto a otros... que las mujeres que iban a sacar eran Manuela Lazo y Trinidad Castro, aunque ignoran si pensasen sacar otras más... que lo había convidado José Varas para venir a sacar mujeres y que tenía convidado a otros para que lo ayudasen». Declaraciones de Simón Escobar y Joaquín sobre asalto a la Cárcel de Mujeres de San Felipe. En AJSF, Legajo 73, Pieza 5. Año 1839.

35 «Pues hacen tres para cuatro años de esclavitud: la pusieron en depósito en Hualqui y por último la llevaron a Santa Juana, en casa de don Fermín Sanhueza, sirviendo lo más a mérito y aun usando de su cuerpo por la fuerza... Actualmente se haya de obejera, un año y cuatro meses sirviendo a mérito». Petición de Candelaria Valenzuela para que liberen a su hija. En AIC, vol. 33, mayo 15 de 1847.

36 «Se reputarán como bagos a las personas de ambos sexos que no tengan oficio, ocupación, ni medios lícitos i conocidos de qué vivir... i a los que teniendo oficio, amo u ocupación, no se empleen habitualmente en ellos. Los bagos serán perseguidos severamente por la policía i puestos a la disposición de la autoridad». Ordenanza de Policía. En AMI, vol. 98. Los Angeles, septiembre 25 de 1874.

37 En 1906 existían en el país 27 escuelas técnico-industriales, con 3.246 alumnos inscritos. De éstos, más de los dos tercios (69,1 %) eran mujeres. «Las mujeres de pueblo que van a la escuela –planteó el senador Cerda al Congreso Nacional en 1860– desdeñan servir, viene por resultado que se convierten en brazos inútiles. Diré claro: en prostitutas, de lo que tenemos un sinnúmero de ejemplos». En G. Salazar: «El dilema histórico de la autoeducación popular: ¿integración o autonomía relativa?», en *Proposiciones* N° 15 (Santiago, 1987. Editorial SUR), pp. 95-96.

38 «De más valía doméstica que la mujer, en la comunidad del minero, es el 'compadre'... Es el consejero, el amigo, el aviador en la faena y aun en la alcoba... El padrino en el duelo a corvo... el heroico hermanito en la batalla». En B.Vicuña M.: *El libro de la plata* (Santiago, 1873), p. 68, nota.

39 Vicente Aguirre: «El bien del pobre», en *Boletín de la Sociedad de San Vicente de Paul*, 2:16 (Santiago, 1873), pp. 263-264.

40 Anónimo: «El conocimiento del pobre», en ibídem 3:22 (1873), pp. 36-37.

41 Eneas: «La clase obrera», en *La Estrella de Chile*, 6: 291 (18/04/1873), pp. 469-471.

42 F. Fernández: «Variedades», en *Revista de Santiago* 2:3 (1848), p. 279.

43 Memoria de don Miguel de la Barra, Intendente de Santiago. En AMI, vol. 172, agosto 4 de 1846.

44 Informe presentado a la Asamblea Provincial de Santiago. En AMI, vol. 94, julio 22 de 1829.

45 Ordenanza de Policía del Departamento de La Serena. En AMI, vol. 146, julio 18 de 1843.

46 Informe del Procurador de la ciudad de Santiago. En ACS, vol. 79, f. 57. Año 1843.

47 Ordenanza de Policía del Departamento de La Serena. En AMI, vol. 146, julio 18 de 1843.

48 Ordenanza de Policía del Departamento de La Serena. En AMI, vol. 146, julio 18 de 1843.

49 Reglamento de Policía de Valparaíso. En AMI, vol. 203, enero 8 de 1847.

50 Ordenanza de Policía de la ciudad de Los Angeles. En AMI, vol. 98, septiembre 25 de 1874.

51 Ordenanza de Policía del Departamento de La Serena, loc. cit.

52 Reglamento de Policía de Valparaíso, loc. cit.

53 Ordenanza de Policía de la ciudad de Talca. En AMI, vol. 148, mayo 28 de 1855.

54 Ibídem.

55 Ordenanza de la Policía de la ciudad de Los Angeles, loc. cit.

56 Informe de José Bascuñán al Ministerio del Interior. En AMI, vol. 320, febrero 5 de 1855.

57 Memoria del Intendente de Santiago. En AMI, vol. 320, f. 49. Año 1869.

58 Informe de José Bascuñán al Ministerio del Interior, loc. cit.

59 Informe Errázuriz-Altamirano al Ministerio del Interior. En AMI, vol. 668, mayo 10 de 1873.

60 G. Salazar: «Los dilemas de la autoeducación...», loc. cit., passim.

61 Daniel Barros: «Del establecimiento de barrios obreros», en *Anales del Instituto de Ingenieros*, 1:5 (Santiago, 1889), pp. 133 y 136.

62 Benito Salazar Orellana: «Versos», Cuaderno N° 3 (inédito), p. 108.

63 Idem: «Vida de mi hermano Carmelo», loc. cit., pp. 11-13.

64 B. Salazar: «Vida de mi hermano...», loc. cit., pp. 14-17.

65 Ibídem, pp. 1-4.

66 B. Salazar: «Vida de mi hermano...», loc. cit., pp. 7-10.

67 B. Salazar: «Vida de mi hermano...», loc. cit., pp. 18-23.

68 Informe del Procurador de la ciudad de Santiago. En Actas de la Municipalidad de Santiago (AMS, en adelante), vol. 209, febrero 17 de 1864.

69 Informe del Intendente de Santiago, Miguel de la Barra. En AMI, vol. 9, agosto 11 de 1842.

70 Informe del Intendente de Santiago, Miguel de la Barra. En AMI, vol. 172, febrero 23 de 1843.

71 Informe del Intendente de Santiago, Miguel de la Barra. En AMH, vol. 174, mayo 18, 23 y 28 de 1846.

72 Informes de L.E. Irarrázaval y Tristán Matta, respectivamente, al Ministerio del Interior. En AMI, vol. 415, julio 8 y 9 de 1872.

73 Informe de Tristán Matta, en ibídem.

74 Informe de Manuel Domínguez a la Intendencia de Santiago. En AMI, vol. 415, julio 9 de 1872.

75 Decreto del Intendente de Santiago, Benjamín Vicuña Mackenna. En AMI, vol. 415, julio 9 de 1872.

76 Informe de Manuel Domínguez, loc. cit.

77 Daniel Barros, loc.cit., pp. 131-132 y 134.

78 Informe de Esteban Manzanos al Ministerio del Interior. AMI, vol. 42. Cauquenes, diciembre 31 de 1827.

79 Fernando Urízar Garfias: *Estadística de la República de Chile: Provincia de Maule* (Santiago, 1845), Cuadro N° 9.

80 O.N.E.: *Censo Nacional de Chile de 1885* (Santiago, 1885), Tomo I.

81 Ibídem.

82 O.N.E.: *Censo Nacional de Chile de 1907* (Santiago, 1907), Tomo I.

83 *Sinopsis Estadística de Chile, año 1916* (Santiago, 1917), p. 10.

84 A. Commentz: «Estadística de mortalidad y morbilidad en diversos países europeos y en Chile», en *Primer Congreso Nacional de Protección a la Infancia* (Santiago, 1913), Cuadros VIII y IX.

85 Fernando Urízar, op. cit., passim. También de G. Salazar: *Labradores...*, op. cit., pp. 133-134.

86 A. Commentz, loc. cit., Cuadro VIII.

87 Informe de Domingo Izquierdo al Ministerio del Interior. En AMI, vol. 162, Santiago, años 1834-1840.

88 Datos proporcionados por el profesor René Salinas, de la Universidad Católica de Valparaíso.

89 Traducido de *The Chilian Times* (Valparaíso), mayo 27 de 1876, p. 2.

90 Ibídem, diciembre 16 de 1876, p. 2.

91 *The Chilian Times* (Valparaíso), octubre 28 de 1876, p. 3.

92 En *El Despertar de los Trabajadores* (Iquique), N° 34, marzo 30 de 1912, p. 3.

93 *The Chilian Times* (Valparaíso), septiembre 15 de 1877, p. 2.

94   Texto publicado originalmente en *In Fraganti* N° 2 (Santiago, 1999. Universidad ARCIS), pp. 87-105. Forma parte de una investigación mayor, publicada como *La sociedad civil popular del sur y poniente de Rancagua* (Santiago, 2000. Ediciones SUR).

95   Este Prefacio fue escrito para el libro de Salomón Magendzo K.: *La guarida de los príncipes* (Santiago, 2002. Universidad Academia de Humanismo Cristiano), pp. 5-9. En esta versión se ha pulido el estilo.

Indice

9 789560 016584